한국선비문화연구원 탐구

한국선비문화연구원 탐구

경상국립대학교 인문대학 경남학 교양총서 / 01

손병욱 지음

慶南

경상국립대학교출판부

이 연구는 2018년 교육부 재원으로 국립대학 육성사업 지원을 받아 수행되었음
This work was supported by of the National University Promotion Project, 2018.

저자의 말

남명 조식南冥 曺植: 1501~1572 선생의 정신을 계승하여 이 시대에 되살리는 것을 설립목적으로 하는 한국선비문화연구원이하 한선원으로 약칭함이 문을 열고 본격적인 출범을 시작한지 벌써 3년이 지났다. 현재 한선원은 출범 초기의 여러 애로사항들을 잘 극복하면서 순항을 계속하고 있다.

필자는 가야문화권에 자리 잡은 경남의 거점국립대학, 경상국립대학교에 오랫동안 근무하다가 2019년 2월말로 정년을 맞았지만, 십 수년 전부터 최근까지 사단법인 남명학연구원 상임연구위원으로 활동해 왔다. 특히 필자는 한국철학 전공자로서 그 동안 한선원의 출범이 갖는 의미, 한선원의 성공적인 운용을 위한 방안 모색 등, 이 기관의 하드웨어와 소프트웨어 전반에 걸쳐서 관심을 갖고 글을 쓰고 발표를 해 왔다. 그러다 보니 한선원 관련 논문과 공저, 그리고 사단법인 남명학연구원에서 발간하는 『선비문화』에 투고한 관련 글 등이 꽤 많이 축적되었다.

이제 이것을 잘 간추려서 한 권의 단행본으로 만들었으면 하는 바람을 갖고 있던 차에 정년을 앞 둔 1년 전쯤2018년 5월에 경상국립대학교 인문대학에서 경남학총서 시리즈물을 발간한다는 소식을 접하였다. 이에 신청하였더니 필자에게 출판 기회를 부여해 주었다.

본 책자의 내용은 기왕에 필자가 썼던 글들을 나름대로 체계를 세워서 간추린 위에, 미진한 부분을 새로이 추가하는 형태로 구성되었다. 본 책자는 한선원을 그 탐구대상으로 하는 단행본이다. 필자는 본 책자에서 한선원의 성공적인 운용과 관련하여 특히 인성교육 중심센터로서의 역할에 주목하였다.

2015년 「인성교육진흥법」이 발효된 이후, 인성교육은 이 시대의 화두가 되었다. 그러나 관심의 정도에 비해서 인성교육을 바라보는 시각과 시행 방법이 너무 다양하여 도리어 혼란스럽다. 본서本書에서는 필자가 경상국립대학교 재직 시에 교양과목 교재 『GNU인성』 집필에 공동저자로서 참여한 뒤 다년간 본 과목을 강의해 왔던 경험을 되살려 보려고 하였다. 그리하여 앞으로 한선원이 인성교육을 통해서 배출해야 할 인간상을 '창의적 리더'로 보고, 창의성과 리더십을 구비한 인간상을 배출하기 위해서는 '참으로 성공하는 삶'이 무엇인지 알고, 이런 삶을 사는 것이 중요함을 역설하였다.

이런 성공하는 삶을 살면 자연히 좋은 인성을 갖춘 창의적 리더가 될 수 있다는 믿음을 바탕으로 그 길을 모색해 보고자 하였다. 즉, 누구나 희구希求하는 성공하는 삶과 좋은 인성을 갖추는 것이 별개의 것일 수 없다는 생각을 그 출발점으로 삼았음을 밝혀 두고자 한다.

성공하는 삶을 위해서는 각자의 궁극적인 삶의 목표인 지향처志向處를 잘 세워야 하고, 호흡명상을 통해서 집중력[의지력]을 충분히 배양하여 활용하여야 하며, 좋은 습관을 형성해야 한다고 보았다. 그리하여 이것들을 각각 '지향처 세우기 교육', '명상瞑想교육', '습관화 교육'이라고 명명하였고, 이를 인성교육의 3대 요소三大要素로서 제시하였다. 이들 3대 요소를 구비하면 우리는 참으로 성공하는 삶을 살 수 있다. 나아가 이 가운데서 「인성교육진흥법」에서 제시한 8대 덕목을 비롯한 좋은 인성도 저절로 갖추게 될 것이다.

본서에서는 『화랑세기』에서 묘사하는 가야파의 특성이 남명학파에 그대로 나타나고 있음에 주목하였다. 근 1,000년에 가까운 시간 간격에도 불구하고 가야파와 남명학파가 공유하는 특성, 곧 친연성親緣性의 이유를 탐구하고자 하였다. 이는 그 동안 필자가 각별한 관심을 가져온 분야인데, 본서에서도 그 내용을 담아내고자 시도해 봤다.

이러한 시도를 통해서 신라의 삼국통일을 가능하게 한 화랑풍월도花朗風月道라는 사유체계의 형성과 작동에 커다란 영향을 미쳤던 가야파의 족적을 되돌아보고자 하였다. 그리하여 가야파의 특성을 그대로 계승한 남명학파의 종장宗匠 남명 조식과 그 문인들의 삶과 사상에서 현대판 화랑교육을 효율적으로 시행할 수 있는 가능성이 풍부히 내재되어 있음을 발견할 수 있었다.

이에 이곳 한선원이 현대판 화랑교육을 시행하기 위한 최적最適의 장소로서 자리 매김 되고 나아가 그 역할을 겸할 수 있어야 한다는 기대를 품고, 그 가능성을 인성교육 프로그램 속에 담아보고자 하였다. 비록 아직 명시적으로 드러내지는 못했지만, 이런 필자의 시도를 통해서 앞으로 한선원이 박두迫頭한 남북통일을 주도할 뿐 아니라 통일이후 한국의 미래비전을 실현할 인재를 양성하고 배출하는 중추 기관이 되어야 한다는 생각을 분명히 할 수 있었다.

앞으로 한선원에 관한 책자들, 특히 단행본이 많이 출간되는 것이 한선원 발전을 기하는데 커다란 도움이 된다고 볼 때, 본서가 그 선행본先行本의 하나로서 한선원 관련 단행본을 계획하거나 출간하는 이들에게 일말의 참고가 되었으면 하는 바람을 가져본다. 설령 본서가 비판·극복의 대상이 된다고 하더라도, 이것이 한선원 발전을 기하는 방안을 마련하는 데 디딤돌 역할을 할 수 있다면 필자로서는 더 바랄 바가 없을 것이다.

앞으로 한선원이 그 설립 취지를 잘 살려 소기의 목적을 달성함으로써 이 시대를 선도해 나갈 창의적 리더를 양성하고 배출하는 대표적인 교육·연구기관으로 자리매김 되기를 염원한다. 아울러 이 자리를 빌어서 필자에게 출간의 기회를 주신 경상국립대학교 인문대학 측과, 바쁜 일정에도 불구하고 꼼꼼한 교정과 편집, 그리고 디자인으로 본서의 안팎으로 부족한 부분을 채워서 그 완성도를 높이는 데 힘써 준 경상국립대학교 출판부 관계자 여러분께 감사드린다.

초판 1쇄본은 2019년 2월 28일부로 발간되었다. 이후 3년의 세월이 흘렀다. 초판본이 다 소진되었다는 이야기를 듣고 대학 출판부와 협의 끝에 2쇄 본을 발간하기로 하였다. 이에 초판본의 골격을 그대로 유지하되, 그 동안 1쇄 본에서 발견되었던 오·탈자를 바로잡고, 약간의 내용 수정을 가한 2쇄 본을 발간함에 즈음하여 이렇게 '저자의 말'을 덧붙이게 되었다.

2022년 3월 초판 2쇄본 출간에 즈음하여

손병욱

목차

저자의 말 5

서론 16

한선원 일원의 남명학파 문화공간[하드웨어] 고찰 20

1. 한선원 일원의 문화공간과 행사 개관 21
2. 산청 권역에서 본 이곳의 환경·장소적 의미 25
3. 지리산 권역에서 본 이곳의 환경·장소적 의미 30
4. 타 문화권과의 소통과 교류를 위한 환경·장소적 의미 34
5. 한선원 일원의 문화공간에 대한 종합적 고찰 36

한선원의 문화공간 운용을 위한 이념[소프트웨어] 고찰 40

1. 참 선비 이념 41
   1) 성리학적이고 문적文的인 측면 42
   2) 무武를 중시하는 무적인 측면 50
   3) 문과 무를 아우르는 종합적이고 현실적인 측면 64
2. 강하면서도 선한 문화국가 이념 71
3. 조화와 포용의 정신 75

1) 예와 악의 조화 76
2) 유·불·선의 조화 78

한선원의 하드웨어와 소프트웨어 활용 방안 82

1. 실천적인 선비정신 중심의 연구 활동을 위한 본거지로 활용하는 방안 83

2. 실천적인 선비문화 계승과 확산을 위한 인성교육의 장으로 활용하는 방안 84

1) 위기의식을 지닌 청렴하고 유능한 인간상을 배출하는 요람지搖籃地로서 활용하자 84
2)「신명사도神明舍圖」의 정신을 제대로 학습하는 장으로 활용하자 89
3) 환골탈태換骨奪胎를 가져올 알자리, 둥지가 되도록 하자 97
4) 인성교육의 3대 요소를 시행하는 장이 되도록 하자 99
5) 인성교육의 대상에 따라 맞춤형 교육을 시행하도록 하자 124

3. 가야문화, 화랑풍월도花朗風月道를 학습하는 장으로 활용하는 방안 125

1) 가야파의 문노文弩와 남명학파의 조식曺植 125
2) 문노가 만든 '형제애가 넘치는 동지조직, 낭도부곡郎徒部曲'의 작동원리 132
3) 공公과 사私에 대한 동양의 세 가지 견해 136
4) 대사위공大私爲公―활사개공活私開公을 위한 국가 공동체의 비전vision 제시 138
5) 가야문화―화랑풍월도―남명학파의 연관성 141

4. 문화관광적인 볼거리 제공과 전시체험展示體驗의 장으로 활용하는 방안 147

5. 통일한국 시대에 바람직한 통일문화 확산의 장으로 활용하는 방안 153

인성교육을 위한 한선원의 역할 모색 156

1. 한선원이 배출할 인간상과 그 역할 157
2. 한선원 인성교육 프로그램이 담아야 할 핵심적인 내용 160
3. 한선원 인성교육의 특징과 장점 177

한선원 학습자를 위한 인성교육 프로그램 구상 182

1. 교육 대상 183
2. 인성교육 프로그램의 시안試案 제시 188

결론: 제언 202

찾아보기 206

참고문헌 222

표 목차

- 지리산 일원 3대 문화권의 특징 비교표 35
- 참 선비의 두 가지 길 58
- 화랑풍월도에서의 도의道義 60
- 가야파가야문화와 신라파신라문화의 특징 비교표 61
- 예와 악의 기능 비교표 77
- 「신명사도神明舍圖」 소개 90
- 평일 일과표-1 114
- 평일 일과표-2 120
- 평일 일과표-3 122
- 성공하는 삶을 위한 인성교육 구조도 176

서론

서론

본고는 2010년 8월에 건립 기공식을 가진 뒤 5년여의 공사를 거쳐서 2015년 9월 주요시설을 완공하고, 2016년 4월 1일을 기하여 본격적인 출범을 시작한 한국선비문화연구원이하 한선원으로 약칭함과 그 일원一圓의 활용 방안 모색을 집필 목적으로 삼고자 한다. 이곳 한선원 일원이 앞으로 남명학파의 특성을 가장 잘 드러낼 수 있는 공간적 중심지가 되어야 한다고 보고, 여기에 대한 기존의 하드웨어hardware적 접근을 바탕으로 하여 소프트웨어software적으로 유의미한 활용 방안을 모색하여 그 대강大綱을 제시해 보고자 하는 것이다. 이에 필자는 본고의 내용을 크게 다섯 가지로 구성해 보고자 한다.

첫째, 하드웨어적인 접근으로서 앞으로 남명학파의 공간적인 중심지가 될 수밖에 없는 한선원 일원에 어떤 문화공간이 포진하고 있으며 어떤 행사가 개최되고 있는지에 대하여 개관할 것이다. 나아가 한선원이 위치한 곳의 환경·장소적 의미에 대해서도 고찰하고자 한다.

둘째, 이러한 하드웨어를 제대로 활용하기 위한 방안으로서 무엇보다도 한선원의 소프트웨어가 무엇이어야 하는지에 대하여 고찰할 것이다. 남명 조식南冥 曺植: 1501~1572, 이하 조식으로 부름의 정신세계에 대해 이것을 경의사상 중심의 '참 선비 이념'과 '강하면서도 선한 문화국가 이념', 그리고 '조화와 포용의 정신'으로 정리해 보고자 한다.

셋째, 이러한 하드웨어와 소프트웨어를 어떻게 활용할 것인가의 문제이다. 실천적 선비정신에 대한 연구의 장으로 활용하는 방안 외에도, 인성교육의 장으로 활용하는 방안, 가야문화와 화랑풍월도花朗風月道를 학습하는 장으로 활용하는 방안, 문화관광적인 전시체험展示體驗의 장으로 활용하는 방안, 통일한국의 전야기前夜期를 사는 현재의 관점에서 미구未久에 다가올 통일한국 시대에 바람직한 통일문화 확산을 위한 장으로 활용하는 방안 등에 초점을 맞추어 살펴보고자 한다.

넷째, 특히 한선원이 인성교육의 중심센터로서 앞으로 어떤 역할을 담당해야 하는가 하는 문제에 관한 것이다.

다섯째, 한선원을 찾는 다양한 부류의 학습자들을 위한 인성교육 프로그램 구상과 관련된 내용이 될 것이다.

I

한선원 일원의 남명학파 문화공간[하드웨어] 고찰[1]

1 아래 내용은 손병욱, 「한국선비문화연구원의 효율적 운영방안 고찰」, 『남명학』 제15집, 남명학연구원, 2010, 136-142쪽, 169-174쪽의 내용을 대폭적으로 수정·보완하여 재정리한 것임을 밝혀 둔다.

1. 한선원 일원의 문화공간과 행사 개관

한선원 일원은 과히 '남명학의 메카'라고 불러도 전혀 손색이 없을 정도로 남명학 관련 주요 시설물들이 집중적으로 대거 포진하고 있다. 이러한 시설물들을 '남명 사적지史蹟地'라고 명명했을 때, 대표적인 것을 꼽는다면 조식 만년의 강학講學공간이자 수장처修藏處인 산천재山天齋와 우암 송시열尤庵 宋時烈: 1607~1689이 지은 비명碑銘을 담은 신도비神道碑, 조식 묘소, 가묘家廟인 여재실如在室, 그의 사후1576년 문인들에 의해서 세워진 덕천서원과 세심정洗心亭, 조식 탄신 500주년을 맞이하여 설립·추진되어 2004년 문을 연 남명기념관南冥紀念館 등을 들 수 있다.

이곳 '남명학의 메카' 가운데서도 가장 주목해야 할 장소가 있다면 그곳은 바로 산천재이다. 이곳에 산천재가 있었기에 조식의 묘소가 자리 잡게 되었고, 덕천서원이 세워졌으며, 최근에 와서는 남명기념관에 이어서 한선원이 자리 잡게 되었다고 할 수 있기 때문이다.

조식에게 산천재란 어떤 의미를 갖는 곳인가? 만년에 조식이 강학하였던 산천재 모습은 다음과 같이 묘사되고 있다.

> 산천재의 창벽간窓壁間에는 경의敬義 두 자를 써 붙이고 자리 오른쪽에 「신명사도神明舍圖」를 걸어 놓았다.[2]

조식이 61세 되던 해1561 덕산으로 옮겨온 뒤 별세할 때1572까지 산천재는 만년의 강학공간으로 활용되면서 많은 문인들을 배출하였다. 산

2 이성무(李成茂)(2014), 23쪽.

천재는 그 뒤 임진왜란 때 불타 없어진 뒤 200년 이상 복구되지 못하다가 1817년순조 22년에 중건된 3칸 건물로 현존하고 있다. 산천재로 들어가는 대문께에서 안쪽을 향해 바라보면 서북쪽으로 두류산頭流山, 곧 지리산智異山의 최고봉인 천왕봉天王峯이 손에 잡힐 듯 뚜렷한 모습으로 한눈에 들어온다. 그리고 지금은 덕천강德川江 직강공사로 인해서 강과 산천재의 거리가 꽤 멀어지고 말았지만, 중건 당시만 해도 앞마당 바로 아래로 강이 흘렀다. 조식은 스스로 이 터를 잡아서 작지만 아담한 건물을 짓고 또 여생을 보낼 거처를 근처에 마련하였을 때의 득의得意한 마음의 즐거움을 '덕산에 살 곳을 잡고서[德山卜居]'[3]라는 시로 지어 읊은 바 있었다.

春山底處無芳草	봄 산 어디엔들 향기로운 풀 없으리오만
只愛天王近帝居	다만 천왕봉이 하늘과 가까이 있는 것을 사랑해서라네.
白手歸來何物食	맨손으로 돌아왔으니 무엇을 먹을 것인가?
銀河十里喫猶餘	은빛 물줄기 십 리나 뻗었으니 도리어 마시고도 남음이 있다네.

당호인 산천재는 『주역』, 산천山天 대축괘大畜卦의 '산천'에서 나왔다. 이것은 천왕봉의 의미와도 통한다. 그 괘사卦辭는 "강건하고 독실하게 하여 밖으로 빛을 드러냄으로써 날로 새로워진다"[4]로 되어 있다. 따라

3 조식, 「덕산복거(德山卜居)」, 『남명집』. 이 시는 현재 산천재의 네 기둥에 주련(柱聯)으로 새겨져 있다.

4 『주역』, 산천(山天) 대축괘(大畜卦) 괘사(卦辭), "剛健篤實, 輝光日新."

서 이 당호는 그가 평생토록 온축蘊蓄한 것을 널리 펼쳐서 만인에게 실제적인 보탬이 되도록 하겠다는 평소의 포부를 드러낸 것으로 볼 수 있다.

늘 손에 잡힐 듯 가까운 곳에서 그 위엄 있는 자태를 드리우고 있는 두류산[지리산] 천왕봉을 바라보면서 조식은 더욱더 이 천왕봉에 매료되었다. 기왕에 천왕봉의 기상을 지녔던 조식이기에, 그와 닮은 천왕봉에 가까이 다가와서 거처하게 되었고, 바라 볼 때마다 그 감회가 새로웠던 것이다. 천왕봉에 대한 조식의 감회는 그가 지은 '덕산계정의 기둥에 씀[題德山溪亭柱]'[5]이라는 시에서 잘 드러난다. 이때 덕산계정이란 곧 산천재를 가리킨다.

請看千石鍾　　청컨대 천석들이 큰 종을 보게나.
非大扣無聲　　크게 치지 않는다면 소리를 내지 않는다네.
爭似頭流山　　어찌하여 저 두류산은
天鳴猶不鳴　　하늘이 울어도 울지 않을까?

특히 천왕봉은 조식의 기질적 특성으로 거론되는 태산교악泰山喬嶽, 벽립천인壁立千仞과 같은 인격을 그대로 드러내고 있다고 하겠다.

조식은 이러한 그의 남다른 인격을 흠모하여 가르침을 받고자 산천재를 찾아오는 이들에게 경의敬義 사상과 출처관出處觀, 그리고 스스로 그려서 해설한 「신명사도神明舍圖」의 정신을 강조함으로써 그들이 앞으로 대장부大丈夫의 기상을 갖고 시대상황을 주도적으로 이끌어나갈 수

5　조식, 「제덕산계정주(題德山溪亭柱)」, 『남명집』.

있도록 늘 마음을 썼다.

이곳 남명학의 메카에서 조식의 생전 강학공간이 산천재였다면, 사후에 마련된 가장 대표적이고 최종적이며 종합적인 강학공간은 바로 '한선원'이라고 하겠다. 비록 조식의 사후 그의 생애와 사상, 그리고 그의 가르침에 주목하기까지는 오랜 시간이 흘렀지만, 이 시대에 와서 비로소 그의 정신세계가 본격적으로 재조명되면서 새로운 강학공간이 필요하다는 자각하에 마련된 장소가 바로 지금의 한선원인 것이다. 따라서 한선원은 '현대판 산천재'인 셈이다. 조식의 가르침을 전하는 두 신구新舊 강학공간은 비록 그 규모는 다르지만, 예나 지금이나 변함없이 덕천강을 끼고 천왕봉을 조망하면서 나란히 이웃하고 있다.

1572년 조식의 사후 문을 닫은 뒤에 긴 세월 동안 조식 관련 사적史蹟으로만 명맥을 유지하던 산천재가 무려 445년만인 2016년에 한선원으로 이름을 바꾸어 문을 열었음을 생각하면, 한선원이 얼마나 소중한 장소이며 앞으로 한선원의 역할이 얼마나 막중한지를 미루어 짐작할 수 있다. 나아가 이 시대의 새로운 강학공간인 한선원은 단순히 강학에만 그치지 않고 전시체험展示體驗을 포함한 관광, 공연共演까지 그 영역을 확대한 문화공간으로 자리매김되어야 함을 강조하고자 한다. 물론 그 가운데서도 가장 중요한 기능은 강학에 있음은 재론의 여지가 없을 것이다.

이 한선원 일원의 행사를 개관해 보자. 이곳에서는 여러 가지 행사가 정기·부정기적으로 개최되고 있다. 가장 대표적인 것으로는 지금까지 42회째 지속적으로 개최되고 있는 '남명선비문화축제'를 들 수 있다. 이외에도 남명기념관에서는 경상국립대학교 남명학연구소가 주최하고 산청군이 후원하는 선비대학이 매년 개설되고 있으며, 남명문화

강좌도 꾸준히 개설되어서 활용도를 높이고 있다. 그리고 덕천서원에서는 희망자들을 대상으로 하는 일종의 '서원스테이' 수련회가 매년 여름 방학에 개최되고 있다.

2. 산청 권역에서 본 이곳의 환경·장소적 의미

한선원이 자리 잡은 시천면 사리絲里 일대는 산청군의 남부 권역에 속한다. 이웃한 삼장면과 단성면 역시 같은 남부 권역이다. 이곳은 산청군 내에서도 다른 지역에 비해서 비교적 풍부한 역사·문화자원을 보유하고 있다.

이곳 한선원 주변에는 산청군 남부 권역의 대표적인 관광지들이 두루 분포하고 있어서 많은 관광객들이 찾아오고 있고, 앞으로 이러한 추세는 해를 거듭할수록 더 강화될 것이다. 좀 더 구체적으로 살펴보자.

이곳에서 국도 20호선을 따라 시천면 중산리 방면으로 가 보자. 중산리는 지리산 천왕봉으로 등산하고자 하는 이들이 산 정상 부근에 위치한 법계사法界寺를 거쳐서 가장 손쉽게 천왕봉까지 오를 수 있는 최단거리 코스가 시작되는 곳이다. 이곳 중산리에서는 천왕봉을 잘 조망할 수 있을 뿐 아니라 계곡을 비롯한 주변 경치가 빼어나다. 경상남도 자연학습원을 비롯하여 야영장 등이 주변에 두루 분포하고 있다.

이곳 시천면 사리에서 국도 59호선을 따라 삼장면 방면으로 가 보면 대원사大源寺가 나온다. 이곳 대원사는 고찰古刹로서 현재는 비구니 사찰이다. 그리고 산청이 낳은 현대 한국불교조계종 중심의 한국 선불교의 대표적인 선지식善知識이었던 성철性徹: 1912~1993 스님이 불교와 첫 인연을 맺은 곳이기도 하다. 이곳에서 시작해 천왕봉까지 오르는 코스는 지리산 종주코스의 일부인데 중산리에서 천왕봉으로 오르는 코스와는 전혀 다른 느낌을 준다. 그래서 등산객들이 즐겨 찾는다. 그 외에도 삼장면 대포리에 위치한 내원사內院寺와 내원사 계곡이 있다. 내원사 경내에는 2016년에 국보 제233-1호로 지정된 석조 비로자나불 좌상石造毘盧遮那佛座像이 안치되어 있다.

이곳 한선원에서 국도 20호선을 따라서 진주 방면으로 곧장 오다가 보면 단성면 남사南沙 예담촌을 거치게 된다. 이곳은 전통 한옥마을로 유명하며, 근년 농촌 전통테마 마을로 지정된 후, 전통혼례, 국악연주를 비롯한 다양한 행사와 풍부한 볼거리, 그리고 전통적인 양반문화兩班文化에 대한 직접적인 체험과 민박 등을 소재로 하여 많은 관광객들을 유치하고 있다.

남사 예담촌은 전통 한옥마을로서는 드물게도 예禮와 악樂을 겸비한 마을로 자리매김되고 있다. 바로 마을 안에 유림 독립기념관과 기산岐山기념관 및 국악당國樂堂이 자리 잡고 있기 때문이다.

유림 독립기념관은 이 마을 출신으로 구한말 거유巨儒였던 면우 곽종석俛宇 郭鍾錫: 1846~1919 선생의 생가 터지금의 이동서당尼東書堂 옆에 부지를 확보하여 최근에 건립되어 문을 열었다. 일제 식민지 치하에서 유림 대표 137인이 연명하여 한국의 독립을 청원하는 독립청원서, 일명 파리장서巴里長書를 1919년 프랑스 파리에서 개최된 파리강화회의에 보냈고, 이 사실이 탄로 나는 바람에 일제의 검거선풍이 불어서 서명한 유림들이 체포되어 옥고를 치르는 고초를 겪었다. 이는 당시 유림의 기개와 의기를 만방에 널리 선양한 사건이었다. 선비들이 일제의 국권침탈에 좌시하지 않고 행동으로서 매운 지조를 잘 드러냈기에, 이곳 유림 독립기념관은 시비와 선악을 엄격하게 구별하여 불의를 배격하려는 유교적 예禮의 정신과 이 예에 바탕한 행의行義의 전형적인 모습을 잘 보여주고 있다.

남사 예담촌에는 특이하게도 근대 한국 국악계의 태두인 기산 박헌봉岐山 朴憲鳳: 1906~1977 선생을 기념하는 건물이 두 곳에 지어져 있다. 하나는 그의 생가 터에 지은 기산기념관이고 다른 하나는 기산국악당이다. 엄격한 구분에 따른 예의범절이 강조되어 온, 그래서 양반문화의 체취가 짙게 배여 있는 이곳에 이러한 차별을 넘어서서 너와 나, 그리고 우리의 하나 됨을 지향하는 정신의 상징인 악樂의 세계가 공존하고 있음은 매우 특이하고 희유稀有한 일이 아닐 수 없다.

그리하여 이곳은 예와 악의 조화가 바로 유교적 선비정신임을 분명히 알려 주고 있으며, 이곳에서의 체험을 통해서 예와 악의 조화정신을 체득할 수 있도록 해 주고 있다. 그러고 보면 '예담촌'이라는 이름도 의미심장하다. 그냥 보면 옛날의 담장으로 둘러싸인 전통 한옥마을이라는 정도의 의미인 것 같지만, 그 속살을 깊이 들여다보면 이 명칭에는 또 다른 의미가 들어 있음을 알게 된다. 곧 '예를 담론하는 마을'이라는 의미이다.

이때의 예에는 유교적인 '예禮' 외에도 『소학』, 「입교」편에서 강조하는 군자육예君子六藝의 예藝의 의미도 들어 있다. 곧 예禮·악樂·사射·어御·서書·수數가 그것이다. 그러고 보면 이 예 속에는 예·악·서·수라는 문적文的인 요소뿐 아니라 사·어라는 무적武的인 요소도 포함된다. 또한 예담촌의 예에는 예술로서의 '예藝'의 의미도 내포되어 있다. 여기에는 음악적인 요소와 함께 미술적인 요소가 포함될 것이다. 따라서 이 이름 속에는 앞으로 음악과 미술 분야 전문 예술인들이 터 잡고 살면서 왕성한 담론을 펼칠 곳이라는 의미가 들어 있다.

이처럼 예담촌의 예 안에는 예, 예·악, 문적인 요소, 무적인 요소, 그리고 예술적인 요소 등이 함의되어 있으므로 결국 문·무·예의 의미가 모두 들어 있다고 하겠다. 따라서 예담촌은 앞으로 문·무·예를 두루 갖춘 전인全人을 교육하고 배출할 수 있는 교육 장소로 활용될 수 있는 가능성을 그 속에 담고 있다.[6] 이는 예담촌의 미래상을 설계하고 구상하는 데 매우 중요한 시사를 줄 수 있는 요소이다.

양반마을, 전통마을은 많지만 이렇게 예와 악을 겸비한 마을은 한국에서 이곳 남사 예담촌이 유일하다고 생각된다. 그만큼 소중한 곳이 아닐 수 없다. 그래서 최근 이 마을은 '한국에서 가장 아름다운 마을 1호'로 지정된 바 있다. 그런데 남사 예담촌의 이러한 이면에는 어떤 정신이 자리 잡고 있는 것일까? 남명정신과는 어떤 관련이 있는가? 앞으로 반드시 탐구해 봐야 할 문제라고 생각한다. 그리고 이 마을을 지나 단성면 소재지를 통과하여 원지 방면으로 가는 길에 주목할 만한 두 장소를 만나게 된다. 하나는 목면시배유지木棉始培遺址이고 다른 하나는 겁외사劫外寺이다.

목면시배유지는 단성면 배양培養마을의 국도변에 소재하고 있다. 이 마을 출신인 삼우당 문익점三憂堂 文益漸: 1331~1400 선생이 고려 말 원나라로부터 목화씨를 가져와서 재배에 성공하여 전국에 목면을 보급함으로써 의생활에 일대 혁명을 가져온 사실을 기념하기 위한 곳이다. 아담

6 문·무·예 교육은 지·정·의(知情意)를 두루 고려한다는 측면에서 이른바 전인(全人)교육이라고 할 수 있다. 우리 역사상 문·무·예의 전인교육을 시행한 가장 대표적인 사례가 있다면 그것은 신라의 화랑교육이다. 김대문/이종욱(2009), 11세 하종(夏宗) 조, 182–183쪽에는 하종이 배운 과목이 나오는데, 그것은 학사(學史), 학검(學劍), 학가(學歌)·학무(學舞)였다. 바로 학사–문[知], 학검–무[意], 학가·학무–예[情]에 해당된다고 하겠다.

한 규모의 전시실 등이 잘 마련되어서 관리되고 있다.

겁외사는 목면시배유지와는 경호강을 사이에 두고 건너편에 위치하고 있다. 이곳은 단성면 묵곡默谷마을로서, 겁외사는 현대 한국불교계에 큰 영향을 미친 성철 스님의 생가 터에 자리 잡고 있다. 성철 스님의 열반 후 그를 기념하여 세운 사찰이다. 최근에는 겁외사 정문 길 건너 맞은편에 성철 스님 기념관인 '퇴옹전退翁殿'이 건립되어서 문을 연 바 있다.

이 외에도 인근에 있는 단성면 운리의 단속사지斷俗寺址에 자리 잡고 있었던 통일신라시대의 고찰 단속사는 임진왜란 이전까지 많은 고승대덕과 중요한 인물들을 배출하면서 한국 불교사에서 그 위상이 돋보였던 사찰이었다. 특히 육조 혜능六祖 惠能: 638~713의 남종선南宗禪 계열이 주류를 형성하였던 한국 선불교사禪佛教史에서 단속사는 신수神秀: 605?~706의 북종선北宗禪 계열의 사찰로 알려져 있다. 단속사는 과거 조식이 서산 휴정의 제자인 사명당 유정泗溟堂 惟政: 1544~1610을 만나 시를 지어 주었던 곳이기도 하다.[7] 앞으로 만약 단속사가 복원된다면 이곳 한선원 일원은 과거 찬란했던 불교문화의 영광을 되살릴 수 있는 장소로 자리매김할 것이다.

7 손병욱, (2006①), 136쪽 참조 바람.

3. 지리산 권역에서 본 이곳의 환경·장소적 의미

현재 한선원이 자리 잡고 있는 이곳은 산청군의 남부 권역에 속하지만, 지리산 국립공원 지도상에서는 동남부 권역에 해당한다. 그러면서 지리산 남부 권역에 속하는 하동군 청암면, 악양면, 화개면과 이웃하고 있다. 여기서는 이미 언급한 삼장면 지역은 제외하고 주로 하동의 여러 지역과의 연계 차원에서 이곳의 입지 조건을 살펴보기로 하자.

2004년 6월에 개통된 삼신봉 터널은 산청군 시천면 내대리와 하동군 청암면 청학동을 이어주는 터널이다. 이 터널의 개통으로 산청군과 하동군의 지리산 지역이 원활하게 상호 소통할 수 있게 되었다. 그리고 이로 인하여 청학동青鶴洞과 이곳에 위치한 삼성궁三聖宮을 찾는 많은 사람들이 예전처럼 하동군 횡천면을 거치는 꼬불꼬불한 2차선 도로를 이용하는 대신 이 터널을 이용하는 바람에 한선원 일원을 통과하는 차량과 인원이 부쩍 늘었다. 이 코스는 진주 방면에서 올 경우 잘 닦인 4차선 국도를 이용할 수 있고, 혹은 진주와 대전 간 고속도로를 이용하여 단성 I.C[나들목]에서 국도로 접어들 경우에도 청학동까지 손쉽게 접근할 수 있으므로 관광객들에게 널리 애용되고 있다.

지금 현재 청학동 삼성궁에서 회남재[回南峙]를 넘어서 악양면 동북지역으로 진입하는 도로를 보면, 삼성궁과 회남재 사이는 비록 비포장도로이지만 도로 정비가 잘 되어 있다. 그리고 회남재에서 악양면 동북부까지는 1킬로미터 정도 시멘트로 포장되어 있다. 전반적으로 차량이 통행하는 데는 별 문제가 없는 상태이다.

본래 하동군에서는 삼성궁 일대와 악양의 동북부 지역을 잇는 회남재 터널을 계획하였으나 환경단체의 반대로 무산된 바 있다. 대신 '대한민국 알프스 하동'이라는 슬로건을 내세우고 수려한 인문·자연환경 자원을 활용하여 관광의 활성화를 꾀하고 있는 하동군에서 회남재를 넘어서 청학동으로 들어오고 나가는 궤도열차를 설치·운행하는 것을 검토하고 있다고 한다. 언론에 보도된 내용을 살펴보자.

> 하동군은 민자 사업으로 화개면에서 악양면, 청암면 일대 지리산 권역을 모노레일과 산악열차로 연결하고 상상미술관과 치유센터 등 알프스 파크를 조성하는 대규모 관광 개발 사업인 '지리산 알프스 프로젝트'를 추진한다. 모노레일과 산악열차 조성사업은 총연장 18.9km로 1,300억 원의 예산이 소요될 것으로 예상하고 있다. 1차 사업은 화개면 도심마을부터 악양면 형제봉 활공장까지 4.27㎞, 형제봉부터 악양면까지 2.18㎞ 구간의 모노레일 설치다. 2차는 형제봉 활공장부터 악양면 회남재까지 6.2㎞, 회남재부터 청암면 삼성궁까지 6.24㎞에 궤도열차를 설치하는 계획이다. 모노레일이 지나가는 화개면 도심마을과 형제봉 활공장 사이에 상상미술관과 치유시설을 갖춘 23만 2,000㎡ 규모의 알프스 파크 조성 사업도 추진할 예정이다. 상상미술관과 함께 산악치유호텔과 치유센터, 레스토랑 등 지원시설 및 게스트하우스, 명상치유숲길 등 기반시설을 설립한다.[8]

그런데 최근에 기존의 계획에 커다란 반전反轉이 일어났다. 바로 회남재 터널을 뚫기로 결정한 것이다. 현재 경상남도에서 설계 중에 있으

---

8 안원준, "경남 하동군 지리산알프스 프로젝트 추진한다.", 세계일보, 2017. 1. 20. http://m.segye.com/view/20170119002039#csidxdcf34b8eeae5ff89c520f642dc6c817.

므로 조만간 착공하여 완공될 것이다. 그러면서 모노레일과 산악열차 설치·운행 계획은 그대로 추진한다고 한다.

이상의 계획이 순조롭게 추진되면 이곳 한선원 일원에도 커다란 변화가 일어날 것이다. 왜냐하면 악양면과 화개면 일대를 찾는 관광객들이 회남재 터널과 궤도열차를 통해서 청암면 소재 청학동으로 몰려오고, 아울러 다시 삼신봉 터널을 통해서 산청의 시천, 삼장 지역으로 유입됨으로써 관광객의 숫자가 획기적으로 늘어날 수 있는 계기가 마련될 것이기 때문이다.

악양면에는 박경리의 대하소설『토지』의 무대인 최 참판 댁이 복원되어 있고, 또 악양면은 근래에 새롭게 단장된 화개장터와 지척 지간에 있다. 김동리의 소설『역마』의 무대이자 가수 조영남이 부른 '화개장터'라는 노래로도 유명한 화개장터는 2003년 7월 하동군 화개면과 전라남도 광양군 다압면을 잇는 남도대교南道大橋의 개통을 계기로 인근에 터를 새로 정하고 규모를 크게 확장하여 개장함으로써 많은 관광객들을 흡입하고 있다. 더군다나 이곳은 화개동천花開洞天의 초입初入에 위치하는 관계로 전통사찰 쌍계사와 칠불사, 그리고 2006년 국토해양부에서 선정한 한국의 아름다운 길 100선에 선정된 바 있는 '십리 벚꽃길'과 화개야생차 재배지 등을 찾는 관광객들이 사시사철 끊이지 않는다.

화개동천은 또한 한국불교를 대표하는 조계종의 중시조中始祖 서산 휴정西山 休靜: 1520~1604의 출가지出家地인 원통암圓通庵의 소재처이자 그가 2차에 걸쳐서 15년 이상 머무르면서 깨달음을 얻고 또한 많은 자취를 남긴 곳이기도 하다. 서산 휴정과의 인연에 앞서 비록 조선조가 불교를 심하게 탄압함으로써 불교의 위상이 삼국시대, 통일신라시대, 고려

시대에 비해서 낮았지만, 어쨌건 이곳은 한국불교 조계종의 도맥道脈이 그대로 흘렀던 곳이기도 하다. 바로 벽소령 너머 함양 벽송사에 주석하였던 벽송 지엄碧松 智嚴: 1464~1534의 도맥이 화개동천 소재 의신에 주석하였던 부용 영관芙蓉 靈觀: 1485~1571으로 전해졌고, 부용 영관의 도맥은 서산 휴정과 칠불사에 주석하였던 부휴 선수浮休 善修: 1543~1615에게로 전해졌다. 서산 휴정의 도맥은 이른바 사대문파四大門派에 의해서 계승되는데, 이 가운데 소요 태능逍遙 太能: 1562~1649은 지금의 왕성초등학교 자리에 있었던 신응사神凝寺를 재건한 뒤 오랫동안 이곳에 주석하였다.[9]

하동군에서 2017년 발간한 제59회 『하동통계연보』에 따르면 2016년도 유명 관광지 관광객 숫자는 쌍계사가 341,419명, 최참판댁이 424,961명인 데 비해 청학동은 246,161명이었다고 한다. 눈여겨볼 것은 화개면의 쌍계사와 악양면의 최참판댁의 관광객 숫자는 8만여 명 차이인데 비해서 최참판댁과 청암면의 청학동은 그 차이가 18만 명으로 매우 크다는 사실이다.[10] 이는 화개면과 악양면은 그 소통이 비교적 원활한 데 비해, 악양면과 청학동은 전혀 그렇지 못함을 말해 주는 것이라고 하겠다.

그러나 만약 앞으로 회남재 터널 개통과 함께 궤도열차 운행이 본격화되어 삼성궁을 포함한 청학동 지역과 악양면 동북부가 소통되면 볼거리의 증가로 화개–악양–청학동의 세 곳 관광객의 교류가 한층 원활해지고 활성화됨으로써 관광객 숫자가 증가되는 시너지 효과를

9 사대문파란 사명당 유정, 편양 언기(鞭羊 彦機: 1581~1644), 소요 태능, 정관 일선(靜觀 一禪: 1533~1608)을 중심으로 하는 문도들을 가리킨다. 소요 태능의 행적에 대해서는 하동군(2008), 83–84쪽 참고 바람.

10 제59회 『하동군통계연보』, 2017, 236쪽 참조 바람.

가져올 것이다. 아울러 이로 인해서 이곳 한선원 일대를 통과하는 사람들의 숫자도 획기적으로 늘어날 수밖에 없을 것이다.

4. 타 문화권과의 소통과 교류를 위한 환경·장소적 의미

한선원이 자리 잡은 시천면 사리 일대는 지리산 권역에 속한다. 그러면서 이곳은 삼신봉 터널을 통하여 하동군 청암면의 청학동 지역과의 소통이 매우 원활해졌다. 만약 앞으로 회남재를 넘나드는 산악열차 운행이 시작되면, 이제 화개면 및 악양면과 한선원이 위치한 사리 지역이 그대로 연결될 것이다. 이러한 연결이 어떠한 의미를 갖는가? 우선, 사리 지역으로 유입될 관광객 숫자의 획기적인 증가를 꼽을 수 있다. 아울러 산청군과 하동군의 지리산 권역이 완전히 소통될 수 있을 것이다. 특히 후자가 갖는 의미가 무엇인지 고찰할 필요가 있다.

산청군과 하동군의 지리산 권역은 크게 세 지역으로 나누어 생각해 볼 수 있다. 지리산은 그 둘레가 800리나 되고 3개도와 5개 시군에 걸쳐 펼쳐져 있을 정도로 그 품이 넉넉하다. 그래서 그런지는 몰라도 지리산은 삼신봉三神峰을 기준으로 봤을 때 3개의 상이相異한 문화권이 공존하고 있다. 그것은 산청군 시천면 사리 일원의 조식을 중심으로 한 유교 문화권, 하동군 화개동천과 악양면 일원의 3최三崔, 진감선사·고운 최치원·서산대사를 중심으로 한 범불교汎佛教 문화권, 그리고 하동군 청학동 일원의 선교仙教 문화권으로 분류할 수 있다. 이 세 지역이 서로 연결되면서 각각 유교와 불교, 선교를 대표하는 문화권으로 특색 있게 발전하게 되면, 어느 한 곳을 찾는 관광객들이 다른 두 지역도 덩달아 방

문함으로써 그 문화의 진수眞髓를 용이하게 두루 음미할 수 있게 될 것이다.[11]

지리산 일원 3대 문화권의 특징 비교표

	유교 문화권	범불교 문화권	선교 문화권
지역적 위치	산청군 시천면 사리 일원	하동군 화개동천과 악양면 일원	하동군 청학동 일원
대표적인 시설물	덕천서원, 산천재, 남명기념관, 한국선비문화연구원	화개장터, 쌍계사, 칠불사, 서산대사 유적지(복원 예정), 최참판댁	삼성궁
추존 인물	남명 조식, 수우당 최영경 등	진감선사, 고운 최치원, 서산대사	환인·환웅·단군
정신의 핵심	경의사상	삼교회통과 호국사상	한 사상
명상수행법	정좌법 (조신 · 조식 · 조심법)	참선법 (조신 · 조식 · 조심법)	삼법수행 (지감 · 조식 · 금촉법)
수행자 명칭→ 이상적인 인간상	선비[사]→성인 · 군자 [대장부]	스님[승] · 불자→ 부처[보살]	수자(修者)→ 선·선인[신선 · 국선]
교육 내용	예절교육	음악교육[범패음악]	무예수련에 의거한 신체단련
인성교육	지성(知性)중심교육–지력(知力)배양	감성(感性)중심교육–정감력(情感力)배양	야성(野性)중심교육– 기력(氣力)배양
음식문화	향음주례(鄕飮酒禮)	차도(茶道) 문화	주례와 차도의 겸용
관련 축제	선비문화축제–10월	범패음악축제(未定)	개천대제(開天大祭)–10월

이들 3대 문화권을 뒷받침하는 각각의 사유체계가 지니는 특색을 살펴보면, 이들 세 사상은 궁극적인 경지에 이르는 과정에서 그 수련법 혹은 수행법이 다르지만, 일단 궁극적인 경지에 도달하고 나면 그 정신 경지는 동일하다고 하겠다. 이것을 다음과 같이 비유할 수 있다. 즉

11 손병욱(2010), 169–174쪽.

다 같이 지리산 문화권역에 위치하고 있기에 각각의 방식으로 천왕봉에 오르려고 하는데, 선택하는 코스는 각자 처해 있는 현 위치에 따라서 달라질 수밖에 없다. 그러나 어떤 코스로 오르건 천왕봉 꼭대기에 오르고 나면 눈앞에 펼쳐지는 광경은 동일할 것이다. 즉 그 궁극적인 경지가 다 같이 진리의 세계라는 것이다. 이 말은 비록 상대가 내 방식을 선택하지 않았다고 하여 그 방식을 부정하는 배타성을 띠어서는 안 되며, 서로가 그 존재 가치를 인정할 수 있어야 함을 의미한다.

바로 여기서 상호 소통과 교류, 그리고 윈win-윈win의 길이 열린다. 세 문화권을 종합하여 그 특징을 잘 활용하면 2015년 「인성교육진흥법」이 발효된 이후 중요시 되는 인성교육 차원에서 소기의 교육적 성과를 얻을 수 있을 것이다. 이는 지리산의 세 문화 권역이 지닌 특성이 상호 유기적有機的이고 상보적相補的으로 활용될 수 있음을 말해 준다.

5. 한선원 일원의 문화공간에 대한 종합적 고찰

필자는 현재 한국에서 과거의 선현들을 현창하려고 할 때, 그 중심 센터가 되는 공간으로서 이곳 한선원 일원만큼 그 환경과 장소적인 여러 가지 조건을 완벽하게 갖춘 곳은 없다고 본다. 공간적 위치, 접근성, 역사성, 주변의 환경, 타 문화권과의 공존과 소통성 등 특정 인물 중심의 센터로서 이곳처럼 여러 조건을 두루 구비하기란 결코 용이하지 않을 것이다. 단적으로 이곳을 퇴계 이황退溪 李滉: 1501~1570의 중심 공간인 안동 한국국학진흥원 일원과 비교해 보면 이곳이 얼마나 우수한 환경·장소적 조건을 갖추고 있는지를 바로 알 수 있다.

물론 비록 수려한 환경과 장소를 갖추고 있더라도 앞으로 보완해 나가야 할 점은 많겠으나 좋은 곳에 위치하고 있기에 시설의 보완은 어떻게 보면 부차적인 문제라고 하겠다. 이런 곳이 조식 현창의 중심 센터가 된 것은 그의 위대한 삶이 끼친 음덕 때문일 것이다. 멀리 보고 철저히 준비하는 그의 삶의 자세와 정신이 이런 곳을 후학과 후손들이 택할 수 있도록 해 준 것은 아닐까?

안타깝게도 이런 호조건에도 불구하고 아직 이곳의 위상이 이황 쪽보다 뒤처진다. 나름대로 노력하고는 있지만, 더 큰 각성과 분발이 요구된다. 6년 전의 한선원 준공과 본격적인 운영을 계기로 반전의 계기가 마련될 수 있기를 바라는 마음 간절하다.

이렇게 되기 위해서는 어떻게 해야 하는가? 문제는 이곳을 앞으로 어떻게 잘 활용해서 조식 정신의 본령을 되살려 냄으로써 오늘의 한국이 처한 현실적인 문제들을 해결하는 데 도움이 될 수 있도록 하느냐 하는 것이다. 이것은 지금 이 시대를 살고 있는 우리 후학들이 챙겨야 할 몫이 아닐 수 없다.

2

한선원의 문화공간 운용을 위한 이념[소프트웨어] 고찰

지금까지 남명학파의 중심지이자 문화공간으로서, 한선원 일원이 갖는 의미에 대해 하드웨어적인 접근을 시도하였다. 이제 그 범위를 한선원 일원에서 한선원으로 좁혀서 그 하드웨어를 뒷받침하는 소프트웨어로서의 정신과 이념이 과연 무엇이어야 하는가에 대하여 고찰해 봐야 할 것이다. 그래야만 이 정신과 이념에 비추어 그 하드웨어를 제대로 운용할 수 있을 것이기 때문이다. 그 소프트웨어는 큰 틀에서 보면 유교 이념이겠지만 이것을 좀 더 세분화하여 '참 선비 이념'과 '강하면서도 선한 문화국가 이념', 그리고 '조화와 포용의 정신'으로 나누어 살펴보고자 한다.

1. 참 선비 이념

조식 사상의 핵은 '실천적인 선비사상'이다. 그러나 '선비사상'은 이황, 이이 등 조선조 유학자들 누구나가 다 추구하고 강조하였던 것으로 조식만의 독점물일 수 없다. 그렇다면 굳이 조식의 선비사상을 이 시점에서 특별히 강조하는 이유가 무엇인가? 알고 보면 조식의 선비사상은 분명 다른 성리학자들, 특히 다른 학파의 선비사상과 변별되는 차별성을 지니고 있다. 필자는 조식의 선비사상을 '참 선비 이념'의 차원에서 고찰하고자 한다. '이념'이라면 사상이나 정신에 머무르지 않는다. 이것은 내면적인 의식화를 통해서 신념화되어야 하며, 나아가 삶 속에서 실천해 나가지 않으면 안 되는 것이기 때문에 '이념'이라고 하는 것이다.

선비란 수기修己가 완성된 성인, 군자, 대인, 인인仁人, 대장부를 지향하여 공부하고 수양하는 인간상이다. 이에 거경함양과 거경성찰의 경敬 공부를 강조한다. 조식 역시 이런 측면에서 예외가 아니다. 다만 특징이 있다면, 그가 의의 실천 곧 행의行義를 매우 중시한다는 것이다. 이러한 의의 실천은 유교적인 선비상에서뿐만 아니라 그 이전의 호국무사護國武士적인 선비상에서도 강조된다.[12] 선비[士]란 문사文士적 의미 외에 무사武士적 의미도 동시에 지니는 말이고, 이에 문사적인 의미로만 국한되는 '선비'라는 말과 구분하여 '참 선비'라는 말을 쓰고자 하는 것

12 삼국통일기(540~681), 신라 화랑도(花郎徒)가 호국무사의 표본이었다. 화랑도에서 가장 중요시한 덕목이 의(義), 나아가 의의 실천[行義]이었다.

이다.[13] 왜냐하면 조식은 문사적 측면과 무사적 측면을 아울러 갖는 문무겸비지사文武兼備之士로서의 성격을 분명히 지니고 있기 때문이다.

행의는 의기義氣와 깊은 연계성을 지닌다. 조식을 참 선비의 표상이라고 부르는 까닭은 그의 행의의 삶과 그가 배양하여 지닌 의기 때문이다. 그렇다면 그는 어떻게 행의-의기, 혹은 의기-행의의 참 선비가 될 수 있었을까? 대략 3가지 측면에서 그의 참 선비상에 접근할 수 있을 것이다. 그것은 성리학적이고 문적文的인 측면, 무를 중시하는 무적武的인 측면, 그리고 문과 무를 아우르는 종합적이고 현실적인 측면이 될 것이다. 조식의 정신세계에서 이 셋은 어느 것도 소홀히 할 수 없다. 이제 하나씩 살펴보기로 하자.

1) 성리학적이고 문적文的인 측면

조식이 강조한 경의敬義 정신 내지 주경행의主敬行義 사상을 염두에 두고 본다면, 그는 의기義氣를 지닌 대장부大丈夫가 되고자 하였고 실제로 이런 정신 경지에 도달하였다. 이때의 의기란 호연지기浩然之氣를 가리킨다.[14] 호연지기를 형성하여 지녀서 매사에 조금도 흔들리지 않는[不動

13 본래 '선비'라는 용어는 유교적인 문사(文士) 개념이 도입되기 이전부터 쓰였던 순수한 우리말이다. 문사 개념이 들어오기 전에 '선비'가 어떤 인간상을 지칭한 용어였을까? 명시적인 자료는 없지만, 문사보다는 무사(武士)였을 가능성이 더 높다. 따라서 문사와 무사를 겸한 이, 곧 문무겸비지사(文武兼備之士)를 유교적인 문사의 용어로 정착된 '선비'와 구분하기 위해서 부득이 '참 선비'로 지칭하게 됨을 밝혀 둔다.

14 『맹자』, 「공손추장구」상, 호연지기장(浩然之氣章) 참조 바람.

心] 확고부동한 정신 경지에 이른 이가 곧 대장부이다.[15] 이제 그의 사상이 어떻게 그에게 대장부를 지향하는 참 선비로서의 삶을 가능하게 하였는지에 대하여 살펴보자.

그는 주경행의에 의해서 수기修己가 완성된 성인聖人 곧 내성內聖의 경지에 도달하려고 하였다. 그리하여 언제나 도덕적으로 순선純善한 심성인 도심道心을 확보·유지하는 삶을 살고자 하였고, 실제로 이런 삶을 영위할 수 있었다. 어째서 경의의 실천이 이런 삶을 가능하게 하는가? 주경행의 곧 경과 의는 모두 경에 속한다. 주경은 거경함양에 속하고 행의는 거경성찰에 속한다. 거경함양을 바탕으로 하여 거경성찰이 가능하다. 거경함양은 정시靜時의 경으로서 경의 체體이고 거경성찰은 동시動時의 경으로서 경의 용用이다. 이처럼 경은 조식에게 있어서도 다른 성리학자들과 마찬가지로 수기가 완성된 성인이 되는 데에 동과 정, 체와 용을 일관하는 철상철하徹上徹下의 실천덕목이었다.[16]

그렇다면 조식은 경을 어떻게 파악하는가? 그는 경의 내용을 네 가

15 『맹자』, 「등문공장구」하, 제2장 참조 바람.

16 조식의 경은 사실 그 외연(外延)이 수기(修己)에 머무르지 않고 치인(治人)까지 미치고 있다. 일반 성리학자들과는 달리 조식은 선지(先知)·후행(後行)에서의 지(知)를 격·치·성·정(格致誠正)으로 보고 행(行)을 수·제·치·평(修齊治平)으로 봄으로써, 그가 강조하는 행의(行義)가 수·제·치·평의 수양론(修養論)과 경세론(經世論)을 두루 포괄하고 있음을 알 수 있다. 이 점은 「학기도(學記圖)」24도 중 16도인 '소학·대학도(小學大學圖)'에서 잘 드러난다. 여기서 조식의 경은 이황의 경과 다르다. 이황의 경우, 경은 수기의 완성까지만 적용된다. 나머지 치인은 이처럼 완성된 수기가 효과적으로 적용되는 결실일 뿐이다. 그러나 조식에게 경은 지와 행, 수기와 치인까지 일관하는 철상철하(徹上徹下)의 실천 덕목이었던 것이다. 아울러 수기의 의미가 이황처럼 그 자체 절대적인 위치에서 치인을 위한 수단으로서의 위치로 전환된다. 왜 수기해야 하는가? 궁극적인 왕도정치를 위해서라고 보는 것이다. 이는 수기가 되면 치인은 저절로 된다는 이황의 입장과는 다르다. 그가 '학문이란 치용(致用)을 위해서 필요하다'고 말한 것이 이 점을 잘 지적하고 있다고 하겠다.

지로 제시한다.[17] 다음에서 잘 드러난다.

⑴ 몸의 수렴收斂이다. 이것을 '정제엄숙整齊嚴肅'이라고 하는데, 의관衣冠을 가지런히 하고 위의威儀 곧 행동거지를 엄숙하게 한다는 의미이다.

⑵ 마음의 수렴이다. 이것을 '기심수렴其心收斂, 불용일물不容一物'이라고 하는데, 선입견이나 편견을 배제하고 마음을 허심탄회(虛心坦懷)하게 유지하는 것을 말한다.

⑶ 의식의 각성이다. 이것을 '상성성常惺惺'이라고 하는데, 우리의 의식이 언제나 초롱초롱하게 깨어 있도록 하는 것을 가리킨다.

⑷ 정신 집중이다. 이것을 '주일무적主一無適'이라고 하는데, 한 가지 대상에 집중하여 마음의 갈래를 내지 않음을 가리킨다.

조식에게 이상은 경의 내용이기도 하지만 경의 순서이기도 하다. 몸의 수렴→마음의 수렴→의식의 각성→정신 집중으로 나아가게 된다. 여기서 조식이 보는 경이란 '몸과 마음을 수렴收斂하여 제 자리에 두고, 의식을 각성시켜서, 정신을 집중하는 것'이라고 하겠다. 달리 말하면, 이성적理性的인 판단이 요구되는 일을 함에 있어서 '제 자리에 있으면서 제 할 일 할 줄 아는 것'이라고 할 수 있을 것이다. 제 자리에 있다고 함은 내 몸이 있는 지금 여기에 내 마음도 같이 있되 또랑또랑하게 깨어 있음이다. 제 할 일이란 내가 세운 삶의 궁극적인 목표인 지향처志向處를 향해 나아가는 것과 관련이 있는 일이다. 이것은 이성적인 판단이 요구되는 일일 가능성이 높은 반면, 감각적感覺的인 욕구 충족과 관련된 일일 가능성은 매우 낮다.

17 조식은 그가 손수 그린 「학기도」 24도 가운데 그가 자작(自作)한 17에 속하는 '경도(敬圖)'에서 경의 내용을 이와 같이 넷으로 소개하고 있다.

위의 넷 가운데 (1), (2), (3)이 거경함양에 속한다면 (4)는 거경성찰에 속한다. 거경함양을 제대로 하면 제 자리에 있을 수 있고, 거경성찰을 제대로 하면서 지력知力·기력氣力·정감력情感力의 삼대력三大力을 배양하고 활용하면 제 할 일을 잘 할 수 있다. 삼대력 배양과 활용에 대해서는 뒤에서 상세하게 살펴보게 될 것이다.

조식은 거경함양의 방법으로 『소학小學』적 실천과 함께 정좌수련靜坐修練을 강조하였다.[18] 그리하여 집중력과 의지력을 배양하려고 하였다. 특히 정좌수련은 집중력 배양에 매우 효과적이기에 조식이 중요시하였고 평소 정좌수련하기를 좋아하였다.[19] 정좌수련을 하면 일차적으로 집중력이 배양된다. 조식이 평소 정좌수련의 습관화로 뛰어난 집중력 곧 정력定力을 유지하였음은 그의 문인인 동강 김우옹東岡 金宇顒: 1540~1603이 지은 「행장行狀」에서 잘 드러난다.

여기서 그는 "선생이 사생死生의 갈림길에서도 확연히 어지럽지 아니함이 이와 같았으니 평소 문학問學의 공부와 정력定力의 견고함이 다른 사람보다 크게 뛰어나 우뚝이 미칠 수 없음을 볼 수 있다"고 하였다.[20] 그러나 정좌수련 이전에 자기 삶의 궁극적인 목표인 지향처를 제대로

18 여기서 『소학』적 실천은 정시(靜時)/이발시(已發時)/무사시(無事時)의 함양공부(涵養工夫)에 속한다. '외출시에는 부모에게 행선지를 아뢰고, 귀가하면 반드시 부모를 직접 대면함[出必告反必面]', '밤에는 부모의 잠자리를 보살피고, 아침 일찍 부모의 상태를 살핌[昏定晨省]', '물 뿌리고 비질하며 손님을 대접함[灑掃應對]' 등을 습관화시켜서 저절로 할 수 있도록 하는 것이므로 함양공부가 되는 것이다. 이에 비해 정좌수련은 정시/미발시(未發時)/무사시의 함양공부법이다. 여기 대해서는 손병욱(2013②), 18쪽, 25-26쪽을 참고하기 바람.

19 『남명집(南冥集)』, 「행장(김우옹 찬)」, "옛 사람이 정좌를 좋아했다더니 오늘 그대를 보는군요.[古人好靜坐, 今日見夫君.]" 조식의 문인 동강 김우옹(東岡 金宇顒: 1540~1603)의 아버지 칠봉 김희삼(七峯 金希參: 1507~1560)이 조식에게 준 시다. 이때 '옛 사람'은 중국 송대 유학자 연평 이동(延平 李侗: 1093~1163)을 가리킨다.

20 남명학연구원(1996), 196쪽.

세우는 입지立志가 되어 있다면, 집중력 배양은 의지력 배양을 수반하게 된다. 여기서 의지력이란 자기의 지향처를 향해 나아가려고 하는 의지와 집념의 힘을 가리킨다.

이러한 집중력과 의지력 두 힘의 관계를 북송대 성리학자인 오봉 호굉五峰 胡宏: 1105~1155은 『성리대전』에서 "입지이정기본立志以定其本, 거경이지기지居敬以持其志"로 표현한 바 있다. '입지立志함으로써 그 근본을 정하고, 거경居敬함으로써 그 지향처志向處를 유지한다'는 의미이다. 그렇다면 여기서 입지란 무엇을 가리키는가? 성리학자들의 입지는 다 같이 "성인聖人을 기약하는 것[聖人自期]"이다.[21] 그리고 거경은 거경함양을 말하는데 정좌수련으로 집중력을 배양하는 것을 가리킨다. 지기지持其志란 '지향처에 대한 의식을 내면에서 유지하는 것'인데 의지력이 없으면 '지기지'가 안 된다. 따라서 집중력 배양은 의지력 배양과 연결되는 것임을 알 수 있다. 집중력과 의지력은 비록 다른 힘이지만 이 둘은 깊은 연관성을 갖는다. 집중력이 강/약해지면 의지력 역시 강/해진다. 반대로 의지력이 강/약해지면 집중력도 강/약해진다. 이제 이런 두 힘의 관계를 고려하여 이것을 집중력[의지력] 혹은 의지력[집중력]으로 표현하고자 한다.

그렇다면 정좌수련을 어떻게 하는가? 정좌수련법을 정좌의靜坐儀라고 한다. 정좌의는 조신調身, 조식調息, 조심調心의 셋으로 이루어진다. 이것의 의미는 순서대로 몸의 조절, 호흡의 조절, 마음의 조절로 풀이된

21 이이(李珥), 『격몽요결(擊蒙要訣)』, 「입지장제일(立志章第一)」, "처음 학문을 시작하는 이는 먼저 입지를 하되, 반드시 성인이 되기를 기약해서 추호라도 스스로 물러나려는 생각을 해서는 안된다.[初學先須立志, 必以聖人自期, 不可有一毫自小退托之念.]" 여기서 성인이 누구인지, 어떻게 하면 성인이 될 수 있는지에 대해서는 『중용장구』제20장을 참고하기 바람.

다. 몸을 조절[調身]하여 호흡을 조절[調息]하면 마음이 조절[調心]되면서 의식이 각성된다. 그리고 집중력[의지력]이 배양된다. 조신법으로는 흔히 '허리를 곧추 세우고 무릎을 모아서 꿇어앉는 방법인 염슬위좌斂膝危坐법'이 채택되었다.[22] 성리학자들은 이 조신법을 즐겨 시행하였다. 여기서 특히 조식법 곧 호흡의 조절이 중요하다. 그 방법이 수식관數息觀이다. 호흡의 숫자를 헤아리면서 호흡에 집중하는 것을 말한다. 집중한다 함은 날숨[呼]과 들숨[吸]을 지속적으로 알아차리는 것이다.[23]

수식관의 요령은 눈을 반개半開하고 코로 호흡한다는 것과, 가늘고 고르고 깊고 길게 호흡하는 세균심장細均深長의 단전호흡이 되도록 한다는 것이다. 조심법이란 수식관에 의거하여 마음을 수렴하고 의식을 각성시켜서 집중력[의지력]을 배양하는 것을 가리킨다. 이처럼 거경함양 단계에서 호흡에 집중하는 것 역시 주일무적이라고 할 수 있다. 그러고 보면 주일무적은 정시의 경인 거경함양을 위해서도 필요하지만, 동시의 경인 거경성찰을 위해서도 매우 중요하다. 다만 정시의 주일무적은 집중력[의지력]을 배양하기 위해서 필요하다면, 동시의 주일무적은 정시에 배양된 집중력[의지력]을 활용하여 의를 실천[行義]하기 위

22 손병욱(2013②), 33쪽.

23 조식은 그의 『학기유편(學記類編)』의 24도 가운데, 제22도인 「역서학용어맹일도도(易書學庸語孟一道圖)」에서 성성(惺惺)·주일(主一)하는 경을 정제엄숙(整齊嚴肅)·심식상고(心息相顧)로 설명하는데, 여기서 마음과 호흡이 서로 돌아본다는 '심식상고'가 바로 정좌의(靜坐儀)에서의 조식(調息)에 해당된다고 하겠다. 심식상고란 호흡명상이며, 좀 더 구체적으로는 심이란 마음의 인식 작용을 말하고 식이란 호흡 작용을 말하므로, '호흡 작용을 인식 작용하는 것', '날숨과 들숨을 알아차리는 것'을 가리킨다고 하겠다. 정좌의의 조식에 대해서는 이익(李瀷), 『성호전집(星湖全集)』,「수식잠(數息箴)」의 다음 말을 참고하기 바란다. "정신을 하나로 모아 말없이 앉아서 생각을 쉬고 내 호흡을 헤아리는 것을 마음 보존의 법칙으로 삼음.[凝神黙坐, 思慮不作, 數我呼吸, 爲存心則.]"

해서 필요하다고 하겠다.[24]

언뜻 보면 정좌의는 불교의 참선수련법인 좌선의坐禪儀와 매우 유사하다. 둘 다 집중력[의지력] 배양을 겨냥한다는 측면에서도 그러하다. 그러나 성리학과 불교는 궁극적인 경지에 이르는 방법이 서로 다르기에 이 둘이 동일하다고 할 수 없다. 성리학은 정좌의에 의해 배양된 집중력[의지력]을 궁리나 행의에 활용하는 데 비해, 불교는 좌선의에 의해 배양된 이 힘을 궁리나 행의를 거치지 않고 바로 깨달음을 얻는 데 활용한다는 측면에서 차이가 난다. 이것을 일컬어 흔히 '회광반조廻光返照에 의한 일초직입여래지一超直入如來地'라고 한다. 주경존심主敬存心하여 곧장 상달천리上達天理하려는 것이다. 조식은 이러한 불교의 특징을 다음과 같이 말한 바 있다. 곧 "불씨佛氏의 학은 상달上達에만 한결같이 힘쓰고 하학下學공부가 없는 것으로 경이직내敬以直內는 있어도 의이방외義以方外는 없는 것이다."[25]

일단 여기서 조식의 경의사상을 수기의 완성을 기하는 성리학 일반의 의미로 한정할 경우, 조식이 주일무적으로 표현한 거경성찰은 『대학』의 8조목 가운데 특히 격물–치지–성의–정심–수신에서 언제나 도심道心의 확보를 가능하게 한다. 그리하여 수기의 완성을 도모하는 것이다. 선지先知·후행後行에서 격물–치지는 선지先知에 속하고 성의–정심은 후행後行에 속한다. 조식의 행의는 선지·후행을 가리키되, 선지보다는 후행에 더 큰 강조점을 둔다. 『주역』, 「곤괘」 문언전에서 말하는 "경

24 이러한 의의 실천을 조식은 순리이행(順理而行)이라고 하였다. 거경성찰 단계에서 독서궁리(讀書窮理)한 뒤에 이 궁리한 것을 실천하는 것을 가리킨다. 이는 주로 지력(知力)과 기력(氣力)을 배양하고 활용하는 '제 할 일 하기'에 해당된다고 할 수 있다.

25 『남명집』 권4, 「학기유편」하, 변이단(辨異端), "佛氏之學. 一務上達而無下學, 本末間斷. 佛氏, 敬以直內, 則有之, 義以方外, 則未之有也."

이직내敬以直內, 의이방외義以方外"에서 '의이방외'가 곧 행의인데, 이때 의란 '순리이행順理而行'이므로 행의를 위해서는 천리를 따르기[順理] 위한 격물-치지, 곧 궁리窮理가 필요한 것이다. 그러나 천리[물리=의리=도리=윤리]가 무엇인지는 이미 선현들이 다 밝혀 놓았다. 따라서 독서를 통하여 이것들을 제대로 이해하고 수용하면 되지 새삼 새롭게 밝힐 것이 없다. 이것이 그의 '정주이후불필저서程朱以後不必著書'의 입장으로 나타나게 되었다. 조식은 거경함양 단계에서 특히 정좌수련에 의거하여 확보한 집중력[의지력]을 바탕으로 거경성찰 단계에서 선지先知에 입각한 후행後行이라고 할 행의行義에 치중함으로써 언제나 도심을 확보하고 나아가 수기의 완성을 기하고자 하였던 것이다.

이처럼 행의하는 노력은 곧 집의集義 내지 적선積善의 노력과 다르지 않다. 이것은 "집의소생集義所生"에서 드러나듯이 바로 호연지기를 배양하는 방법이다.[26] 그리하여 그는 주경행의를 실천함으로써 호연지기를 배양하여 지닌 대장부 곧 수기가 완성된 성인[內聖]이 될 수 있었다. 이처럼 조식은 행의-의기를 갖춘 대장부 곧 참 선비의 전범을 보여 준 인물이었다고 하겠다. 그가 지녔던 벽립천인壁立千仞, 태산교악泰山喬嶽, 추상열일秋霜烈日로 표현되는 그의 기질 내지 기상氣像적 특징이야말로 이러한 주경행의의 결과 형성된 호연지기에 의해서 도달한 대장부의 정신경지를 잘 드러내는 말이었던 것이다.

조식은 이처럼 거경함양과 거경성찰의 경공부에 의거하여 이러한 정신경지에 이르는 과정과 방법을 만년저술인 「신명사도神明舍圖」와 「신명

26 조식의 『학기유편』의 24도 가운데, 제21도인 「지언·양기도(知言·養氣圖)」에서 호연지기 배양에 대한 설명이 자세하다.

사명神明舍銘」에서 일목요연하게 잘 제시하고 있다.

2) 무武를 중시하는 무적인 측면

조식의 참 선비로서의 남다른 측면은 그가 문사와 무사의 면모를 겸비한 문무겸비지사文武兼備之士의 특징을 지니고 있다는 사실이다. 그가 경의, 주경행의를 강조하면서 경[主敬]의 상징으로 늘 성성자惺惺子를 지니고 있었고, 의[行義]의 상징으로 늘 검劍을 지니고 있었다는 점은 우리가 주목해야 할 부분이 아닐 수 없다. 물론 이때의 경과 의는 다 같이 경에 속하지만, 거경성찰에서의 행의가 상징하는 검은 기미, 낌새, 조짐을 살펴서[審幾] 인욕의 침투를 과감하게 결단하는 '외단자의外斷者義'의 의미에만 국한되지 않는다.

그는 앞에서 언급하였듯이 거경함양 단계에서 정좌수련으로 의식을 성성惺惺하게 유지함으로써 집중력[의지력]을 배양하였다. 이것이 성성자가 상징하는 '내명자경內明者敬'으로 표현되었다. 그러면서 이 거경함양과 거경성찰을 패검명佩劍銘으로 수렴收斂하였다. 조식에게 검은 철상철하徹上徹下적인 경거경함양과 거경성찰의 정신이 한곳으로 집약되는 집약처集約處이다. 여기서 조식의 패검명은 3가지 의미를 동시에 알려 주고 있다.

첫 번째는 거경함양이 없이는 거경성찰도 있을 수 없다는 성리학 일반의 의미일 것이다.

두 번째는 거경성찰이 없는 거경함양, 곧 행의가 없는 주경은 무의미하다는 의미이다. 그러기에 거경성찰의 상징인 칼에 거경함양의 의미인 '내명자경'이 들어와 있는 것이다. 이는 그가 구체적인 실천을 중시하는 측면과 무관하지 않다. 바로 이런 그의 학문적 특징에 주목하여 한선원 본관 건물 바깥 정면에 **'학문은 실천을 통하여 그 빛을 발한다'**는 글귀를 걸어 두었을 것이다.

세 번째는 검이 무武의 상징이라는 사실이다. 그의 행의에는 '무적인 실천의 의미'가 강하게 들어 있다. 그의 「신명사도」에서 드러나듯이 조식의 정신세계에서는 거경성찰 단계에서 인욕 내지 잡념의 낌새를 살펴서 그것을 과감하게 결단決斷하여 도심道心을 유지하는 것은 마치 도성都城 수호의 최고 책임자인 임금[國君]이 외적의 침입을 살펴서 성을 굳건히 지키는 것과 다른 것이 아니다. 이때 그의 검은 인욕에 비견되는 외적의 침입을 막아 낸다는 의미를 강하게 지니고 있는 것이다.

여기서 막아 내어 지킨다는 의미를 잘 새겨야 할 것이다. 이것을 방어적이고 소극적인 것이라고 봐서는 안 된다. 왜냐하면 이것은 외부의 침입으로부터 나와 공동체를 보호·유지하면서 그냥 안주하려는 것이 아니라, 궁극적인 목표를 향하여 쉼 없이 나아가기 위해 가장 중요한 조건을 구비하려고 하는 것이기 때문이다.

개인의 경우, 인욕의 침투를 막아 내지 못하면 유혹에 걸려서 주저앉게 된다. 인욕의 침투를 제대로 막아 내면 '언제나 제 자리에 있으면서 제 할 일 할 수 있게 된다.'[27] 그러면 내가 스스로 기약한 성인·군자 내지 대장부라는 지향처, 곧 더 이상 의도적인 노력을 하지 않더라도 저절로 천도天道와 부합하는 정신 경지를 향해 매진해 나갈 수 있다.

국가의 경우, 외적의 침입을 막아 내지 못하면 나라는 소멸되고 만

27 이것을 『주역』, 「계사전」하에서는 '각득기소(各得其所)'라고 하였다.

다. 백성은 침입자의 노비로 전락하는 치욕을 면할 수 없다. 인간다운 삶은 불가능해진다. 만약 국가가 안전하게 유지된다면 그 국가는 원대한 국가적 목표, 유교적으로 말하면 요순堯舜의 태평성대, 이덕행인以德行仁의 왕도정치王道政治가 구현되는 나라, 진선미眞善美 삼위일체의 문화국가를 향하여 순조롭게 나아갈 수 있다. 그리하여 스스로를 행복하게 하고 전 인류를 행복하게 할 고급문화를 부단히 창출해 내는 위대한 나라로 자리매김될 수 있다.

조식에게 행의의 상징인 검은 그 함의가 이처럼 단순하지 않다. 특히나 그가 평소 병가서兵家書를 즐겨 공부하고 또 그의 문인들이 임진왜란 때 도처에서 창의기병倡義起兵하여 활약한 이면에는 조식의 '칼의 정신'이 커다란 영향을 미쳤을 것이다.

필자는 조식이 스스로 '천하제일의 보검寶劍'이 되려는 의지를 품고 있었다고 본다. 이 점은 진사시에 장원한 문인 운강 조원雲江 趙瑗: 1544~1595에게 준 다음의 시 「서검병증조장원원書劍柄贈趙壯元瑗」에서 잘 드러난다.

离宮抽太白	불 속에서 희디 흰 칼날 뽑아내니
霜拍廣寒流	서릿발 같은 기운이 달까지 닿아 흐르네
牛斗恢恢地	견우성, 북두성이 떠 있는 넓디넓은 하늘에
神游刃不游	정신은 놀아도 칼날은 놀지 않네[28]

조식은 조원이 작은 성취[小成]에 만족하지 말고 앞으로 더욱더 자

28 조식/남명학연구소(1995), 33쪽.

기 연마鍊磨에 노력하여 드디어 어떠한 대상도, 심지어 무쇠조차도 일도양단一刀兩斷할 수 있는 '천하제일의 보검'이 될 것을 기약하라는 의도에서 위의 시를 지어 준 것으로 여겨진다. 스스로 이런 보검이 되면 어떤 장애물도 그의 앞길을 가로막지 못한다. 비록 가로막더라도 쉽게 돌파해 나갈 수 있다.

이러한 칼의 정신은 『화랑세기』, 4세 이화랑二花郎 조에 나오는 문노文努와 이화랑의 대화에서 그 일단이 드러나고 있다. 당시 문노는 대가야 문화공주文華公主가 신라의 귀족 비조부比助夫 공에게 시집와서 낳은 아들로서 스스로 대가야의 외손이라는 강한 자부심을 지니고 있었다. 그리고 검도劍道의 대가였다. 이런 문노 더러 4세 풍월주였던 이화랑이 자기의 부제副弟로서 차기5세 풍월주가 될 사다함斯多含에게 검도를 가르쳐 줄 것을 청하면서 문노와 이화랑은 다음과 같은 대화를 나눈다.

> 문노가 말하길, 검이란 한 사람을 대적하는 것인데, 어찌 고귀한 신분에 있는 사람이 배울 만한 것이겠습니까? 이화랑이 말하길, 한 사람을 대적하지 못하면서 어찌 만인을 대적할 수 있겠소?[29]

아주 짧지만 매우 의미심장한 대화가 아닐 수 없다. 왜 그런가? 칼이란 한 사람을 대적하는 무기에 불과하지만, 이 속에 만인을 대적할 비결이 들어 있다는 것이다. 이 말은 다음과 같이 다르게 표현해도 무

29 김대문/이종욱(2009), 4세 이화랑 조, 40-41쪽, "文努曰, 劍是敵一人, 何用高貴知? 二花公曰, 不敵一人, 則安能敵萬人乎?"

방하리라고 본다.

- 작은 일에 충실한 사람이라야만 큰일도 제대로 할 수 있다. 달리 말하면 작은 일을 소홀히 하는 사람은 큰일도 제대로 할 수 없다.
- 세밀하게 볼 줄 아는 현미경顯微鏡적인 시각을 가진 사람이라야만 멀리 볼 줄 아는 망원경望遠鏡적인 시각을 가질 수 있다. 달리 말하면, 세밀하게 볼 수 없으면 멀리 보는 것도 불가능하다.
- 순간이 영원으로 통한다. 순간에 충실한 사람이라야만 영원한 삶을 살 수 있다.
- '지금 여기now & here'에 충실한 사람이라야만 '우주宇宙'를 가슴에 품을 수 있다.
- 작은 것을 못 아끼면 큰 것도 아낄 수 없다.

조식은 이런 원리가 검도에도 들어 있음을 알고 검을 소중하게 여겼던 것으로 생각된다.

그렇다면 스스로 이런 보검이 되기 위해서는 어떻게 해야 하는가? 여기에는 무수히 많은 '달굼질–단련질–담금질'의 연마鍊磨, 곧 백련천마百鍊千磨가 필요하다.

먼저, 좋은 무쇠를 구해서 이것을 참숯불에 넣어서 달군다. 이것이 '달굼질'이다. 다음으로, 이제 시뻘겋게 달구어진 무쇠를 꺼내어서 단단한 쇠 맷돌 위에 올려놓고 망치로 계속 두드린다. 망치질로 펴진 무쇠를 적당하게 오므려 가면서 망치질을 계속하면 이 속에 있던 불순물인 이른바 쇠똥이 밖으로 빠져 나온다. 이렇게 하는 것을 '단련질'이라고 한다. 이제 마지막으로, 무쇠의 열기가 식기 전에 이것을 차가운 물속에 집어넣는다. 그러면 급속도로 냉각되면서 무쇠의 강도剛度가 올라가는데, 이것이 곧 '담금질'이다.

이러한 세 개의 과정을 백 번, 천 번 지속하다가 보면 드디어 일체의 불순물이 제거되고 강도가 극대화되면서 양날이 새파랗게 곤두선 한 자루의 보검이 탄생하게 되는데, 이것이 바로 천하제일의 보검이다. 이 검은 어떠한 대상도, 심지어 무쇠조차도 단 칼에 자를 수 있기에 보검이라고 하는 것이다. 그러면서도 스스로는 조금도 손상을 입지 않는다.

이처럼 보검 만드는 비법인 '달굼질-단련질-담금질'을 필자는 '삼삼3·3질 법칙'의 적용이라고 부른다. 왜 삼삼질이라고 하는가? 여기서 '질'이 셋인데, 이 셋이 모두 세 번째 자음인 디귿ㄷ으로 시작되는 특징을 보이기 때문이다.[30]

한 개인이 스스로 천하제일의 보검이 되기 위해서는 무예수련에 의한 신체단련이 필수적이다. 무예수련으로 기력氣力 혹은 야성野性이 배양되는데, 이 기력은 지성知性의 힘인 지력知力, 감성感性의 힘인 정감력情感力과 함께 의기義氣를 형성하는 데 매우 중요하다. 그러므로 행의가 가능하다. 이것은 위에서 살펴본 문적인 측면과는 달리 무예수련-의기배양-행의로 정리된다.

그가 이 길을 도외시하지 않고 중시하였음을 알려 주는 또 다른 근거가 바로 그의 「신명사도」이다. 조식이 외적의 침입을 살펴서 도성을 수호하는 「신명사도」를 남긴 이면에는 스스로 천하제일의 보검이 되어서 외적의 침입을 막아 내고 위기 상황을 극복하려는 '칼의 정신'이 있

30 손병욱(2013①), 66-67쪽.

었다. 앞에서 언급한 벽립천인, 태산교악, 추상열일의 남다른 기상은 이처럼 자기 자신이 소중하게 생각하는 것을 수호하려는 강렬한 의지와 노력의 축적과 표출이었던 것이다. 즉, 개인적으로는 정신의 집인 몸과, 국가적으로는 종묘사직宗廟社稷의 집인 국가를 침투하는 모든 외적인 대상을 과감하게 일도양단하려는 자세야말로 그의 이러한 기상을 가능하게 한 핵심이었다고 하겠다.

조식이 직접 무예수련을 하였다든지 아니면 신체를 단련하였다는 명시적인 기록은 없다. 기氣보다 이理를 중시하고 육체적인 활동을 천시한 당시 조선조 사대부들의 의식세계를 감안한다면, 비록 그가 무예수련을 하였더라도 기록으로 남기기는 어려웠을 것이다. 그렇지만 그러한 개연성을 드러내는 표현이 있으니 주목해 보자.

그는 막역한 벗이었던 삼족당 김대유三足堂 金大有: 1479~1552의 묘갈墓碣에서 "어떤 때 보면 단아한 모습으로 경사經史를 토론하는 큰 선비이고, 또 다른 때 보면 훤칠한 키에 활쏘기와 말 달리기에 능숙한 호걸"이라고 하여 김대유가 문무겸비지사의 자격을 갖춘 뛰어난 인물임을 말하고 있다.[31] 역시 친한 벗이었던 황강 이희안黃江 李希顔: 1504~1559의 묘갈에서는 그가 비록 문과에 급제하지는 못했으나 유일遺逸로 천거되어 군자감판관軍資監判官을 지냈다고 하면서 "통달한 지식은 진동보陳同父와 비슷하고, 활쏘기와 말 타기의 재주를 겸비하여 무인武人의 반열에서도 뛰어났다"고 진술하고 있다.[32]

그와 교우관계가 돈독하였던 김대유와 이희안이 사·어射御, 곧 활쏘

31 조식/남명학연구소(1995), 210쪽, 선무랑(宣務郎) 호조좌랑(戶曹佐郎) 김공묘갈(金公墓碣).

32 조식/남명학연구소(1995), 220쪽, 군자감판관(軍資監判官) 이군(李君) 묘갈병서(墓碣並書).

기와 말타기에 능하였다는 말로 그들을 기리고 있음은 무엇을 말하는가? 이는 조식이 공자가 말한 군자육예君子六藝 가운데서 조선조의 문사들이 등한시하였던 사·어가 무적인 능력 배양에 매우 중요함을 인식하고 군자가 되고자 한다면 이러한 무예를 소홀히 하지 말아야 함을 강조하고자 했고, 스스로도 사·어를 중시하였을 뿐 아니라 문인門人들에게도 배울 것을 강조하였을 것으로 여겨지는 근거가 될 수 있다.

조식의 만년1561~1572인 산천재山天齋 시절 문인 가운데 무를 중시하는 조식의 영향을 가장 크게 받은 인물로 꼽을 수 있는 이가 곧 망우당 곽재우忘憂堂 郭再祐: 1552~1607이다. 곽재우는 16세에 조식의 사위인 김행金行의 차녀와 결혼하여 조식의 외손서外孫婿가 되고 김우옹과는 동서지간이 되었다. 아마도 그 이전에 조식과 사제 관계를 맺었을 것이다.[33] 왜냐하면 조식이 직접 김우옹과 곽재우 두 사람을 외손서로 선택하였다고 하였기 때문이다.[34] 곽재우의「연보年譜」를 살펴보면 그는 대략 14세부터 21세까지의 7~8년 정도 산천재를 출입하면서 조식의 훈도訓導를 받아 인생관, 가치관을 정립하였을 것으로 여겨진다. 이 시기에 그가 조식으로부터 받은 가르침은 두 가지 정도로 정리할 수 있는데, 그것은 다음과 같다.

- 14세 무렵에 특히『춘추전春秋傳』에 잠심, 연구하였다. 그의 학문적 기초가 이『춘추전』에서 구축되었다고 한다.[35]

  ※ 조식은 어려서부터『춘추좌씨전春秋左氏傳』과 당나라 때 고문운동古文運

33 홍우흠(2014), 335쪽.

34 이동환(2014), 38쪽.

35 이동환(2014), 37쪽.

動을 일으킨 유종원柳宗元의 문장을 좋아하였다.[36]

- 19세 무렵부터 학문하는 여가에 사·어射御의 기예技藝를 익히고 병서兵書에도 통달하기 시작하였다.[37]

  ※ 조식은 18세, 19세 때 병가서兵家書를 비롯한 궁마弓馬, 항진行陣, 관방關防, 진수鎭戍 등의 공부를 하였다.[38]

임진왜란 때, 조식 문하에서 곽재우, 내암 정인홍來庵 鄭仁弘: 1535~1623, 송암 김면松庵 金沔: 1536~1593 등 3대 의병장을 비롯하여 50여명이나 되는 의병장이 배출된 이면에는 평소 무를 중시하는 조식의 가르침이 커다란 영향을 미쳤다고 할 수 있다. 이처럼 조식이 지닌 칼로서 대변되는 무의식武意識, 곧 항상 전쟁터에 있다는 항재전장의식恒在戰場意識은 남달랐고, 바로 이 점이 당시의 문사적인 선비와는 변별되는 조식의 특징이기도 하였다.[39]

조식이 이해한 참 선비의 길은 두 가지이다. 이것을 다음과 같이 정리해 볼 수 있을 것이다.

참 선비의 두 가지 길
문적인 문사(文士)의 길: 행의=집의[積善]-의기[浩然之氣] 형성 ⇨ 유교의 대장부
무적인 무사(武士)의 길: 무예수련-의기배양-행의 ⇨ 무도(武道)의 국선(國仙)

36 조식/경상대학교 남명학연구소(1995), 20쪽.

37 이동환(2014), 38쪽.

38 조식/경상대학교 남명학연구소(1995), 20쪽.

39 『학기도』제3도는 「고허왕상도(孤虛旺相圖)」인데, 이것은 조식이 자작한 5도 가운데 하나이다. 여기서 고허(孤虛)는 병법가(兵法家)가 행군할 때 방위와 일시를 점치는 법이라고 한다. 이는 조식이 평소 무에 대한 관심이 컸음을 알려 주는 좋은 근거가 될 수 있을 것이다. 배종호(1988), 30-31쪽.

도덕적으로 지선至善한 성인 내지 대장부가 되는 문사의 길에는 '선악善惡의 논리'가 작용한다면, 무사의 길에는 과감하게 결단하여 정신과 종묘사직의 집인 몸과 국가를 외적의 침입으로부터 안전하게 수호하려는 '강약强弱의 논리'가 작용하고 있다. 당시 대다수 성리학자들은 선악의 논리, 이른바 문文과 명분의 논리에 의거하여 선해지기 위해서 공부하였다. 그러나 조식은 단순히 여기에만 머무르지 않고 스스로 '위기'라고 진단한 시대 상황을 극복하기 위해서 강약의 논리, 이른바 칼의 논리에 입각한 강함의 공부를 등한시하지 않았다. 이처럼 그의 참선비의 길은 선함과 강함을 동시에 추구해 나가는 것이었고, 이러한 그의 정신세계를 잘 드러내는 것이 그의 「신명사도」라고 봐야 할 것이다. 즉 이것은 개인의 도심道心과 임금의 도성都城 수호를 위한 문과 무, 선함과 강함을 동시에 강조하는 의미를 지니고 있다고 하겠다.

위의 '무사의 길'에서 제시한 인간상인 국선國仙은 신라의 화랑국선을 가리킨다. 이들은 바로 신라의 삼국통일기540~681 때 맹활약한 호국무사護國武士들이다. 이들을 일명 호국선護國仙이라고도 불렀다.[40] 『화랑세기』, 『삼국사기』, 『삼국유사』 등을 보면 이들은 모두 검도수련劍道修練을 매우 중시하였다. 그리고 당시의 신라 화랑들에게는 현실을 초월하여 일체의 분별이 없는 경지에서 노닐려고 하는 신선神仙의 측면도 있었다. 이처럼 신라 화랑에게는 무도의 국선과 선도仙道의 신선의 길이 있었다. 삼국통일기의 화랑은 무도를 중시하면서 선도를 추구하고자 하였으나, 통일신라기681~935에 가면 무도가 폐지되고 선도만 살아남게

40 김대문/이종욱(2009), 7세 설화랑 조, 98-99쪽.

된다.[41]

선도와 무도는 삼국통일기에 작동한 화랑풍월도花郞風月道의 '도의道義 위주의 화랑제도'하에서 각각 도와 의로 표현되었다. 이 도와 의가 지니는 함의는 각각 다음과 같이 정리해 볼 수 있다.[42]

화랑풍월도에서의 도의

도	선도(仙道)	선도수련	우주청원지기(宇宙淸元之氣)[42] 배양	득도	신선	출세간
의	무도(武道)	무도수련	의기(義氣) 배양	행의	국선	입세간

그런데 위에서 '의 계열'은 가야파, 가야문화伽倻文化와 관련성이 깊은 데에 비해 '도 계열'은 신라파, 신라문화와 관련성이 깊다. 『화랑세기』에 나타나는 가야파가야문화와 신라파신라문화의 특징에 대해 7세 풍월주 설화랑 조에서는 다음과 같이 말하고 있다.

> 문노의 낭도들은 무사武事를 좋아했고 협기俠氣가 많았다. 설화랑의 낭도들은 향가鄕歌를 잘하고 맑은 놀이[淸遊]를 즐겼다. 그러므로 나라 사람들이 문노의 무리를 가리켜서 호국선護國仙이라고 했고, 설화랑의 무리를 가리켜서 운상인雲上人이라고 했다.

---

41 김대문/이종욱(2009), 32세 신공 조, 366-367쪽에 따르면 문무왕 21년(681)에 일어난 김흠돌의 난이 진압되면서, 기존의 무도(武道)와 선도(仙道)를 동시에 닦되 무도를 중시하는 화랑 조직이 해산되었고, 이후 시간이 좀 흐른 뒤인 통일신라기에 득도(得道)를 위주로 하는 선도 중심의 화랑 조직이 부활하게 된다. 그리고 그 이름을 국선으로 바꾼다. 득도 위주의 국선제도가 그것이다.

42 손병욱(2018), 60쪽.

43 김대문/이종욱(2009), 11세 설화랑 조, 184쪽, "선도는 본래 '우주청원지기'에서 나왔으므로, 시비를 따져서 서로 다툼을 일컫는 것이 아니다.[仙道本出於宇宙淸元之氣, 非是非相爭之謂也.]" 여기서 우주청원지기란 '우주의 맑고 으뜸가는 기운'이라는 의미이다. 이 기운을 배양하여 지닌 신선(神仙)은 일체의 사량분별(思量分別)을 떠나고 시공(時空)을 초월한 우주적 존재라는 측면에서 불교의 부처, 도가의 지인(至人)·천인(天人)과 같은 경지에 이른 인간상이라고 하겠다. 따라서 우리의 고유한 선도는 불교 및 도가와 상통함을 알 수 있다.

골품이 있는 사람들은 설화랑의 무리를 많이 따랐고, 초택草澤: 궁벽한 시골의 사람들은 문노의 무리를 많이 따르면서 서로 의를 닦음을 주로 하였다.[44]

『화랑세기』에서 가야파를 대표하는 인물이 문노와 김유신이라면, 신라파를 대표하는 인물은 설원랑薛原郞: 일명 설화랑, 그리고 그와 미실 사이의 아들인 보종宝宗이다. 이 점을 염두에 두고 이상의 내용을 표로써 정리해 보면 다음과 같다.

이상의 내용을 표로써 정리해 보면 다음과 같다.

가야파가야문화와 신라파신라문화의 특징 비교표

	가야파(가야문화)	신라파(신라문화)
대표적인 인물	문노(8), 김유신(15)[45]	설원랑(7), 보종(16)
조직 구성원의 특징	초택지인(草澤之人)	골품지인(骨品之人)
추구하는 가치	무도(武道)	선도(仙道)
지향하는 인간상	국선(國仙)	신선(神仙)
별칭(別稱)	호국선(護國仙)	운상인(雲上人)
특징	호무사다협기(好武事多俠氣) 호상마의위주(互相磨義爲主) ⇒남명학파로 계승됨	선향가호청유(善鄕歌好淸遊) ⇒퇴계학파로 계승됨

원효元曉: 617~686의 증조부이기도 한 설원랑은 신라파의 상징적인 인물이었다. 이에 비해 가야파의 원조元祖인 문노는 설원랑과는 여러모로 대비되는 인물이었다.

44 김대문/이종욱(2009), 7세 설화랑 조, 98–99쪽.

45 여기서 숫자는 풍월주를 역임한 순서를 말한다. 문노는 8세 풍월주였고 김유신은 15세 풍월주였다.

가야파는 무적武的인 성격이 강하였고, 신라파는 문적文的인 성격이 강하였다. 가야파가 세속의 현실적인 상황을 항상 염두에 두는 입세간入世間적인 성격을 지닌다면, 신라파는 탈세속적이고 출세간出世間적인 성격을 지니고 있었다. 가야파가 가족을 넘어선 공동체 중심의 결속을 강조하였다면, 신라파는 가족 내지 혈연중심의 결속을 강조하였다. 한마디로 가야파에 속하는 인물들은 불의不義를 보면 참지 못하는 의협심義俠心을 가졌고, 이처럼 불의를 척결하기 위해서는 '강약强弱의 논리'에 입각한 무예武藝수련을 중요시하였다고 할 수 있다.

이러한 가야파의 특징은 나중에 남명학파의 '의義-기氣-무武[46]-충忠'으로 나타난다면, 신라파의 특징은 나중에 퇴계학파의 '인仁-리理-문文-효孝'로 나타난다고 할 수 있다. 가야파는 먼저 의의 길을 추구하여 국선으로서의 역할을 다한 뒤에 신선으로서의 삶을 살기를 희구하였다. 이러한 가야파의 입장은 다음과 같이 정리될 수 있다.

> 국가 공동체가 위기에 처하면 자기의 모든 것을 다 바쳐서 헌신·봉사하지만, 위기 상황에서 벗어나면 일체의 공치사를 바라지 않고 깨끗이 물러나서 자연과 더불어 유유자적하는 삶을 영위하고자 하였다.[47]

이러한 삶을 살았던 대표적인 인물로는 세속오계世俗五戒의 뿌리가 된 무용武勇에 입각한 충효忠孝의 정신을 후대에 물려준 물계자勿稽子를

46 이때의 무 속에는 문무겸비(文武兼備)의 의미가 들어 있다.

47 손병욱(2018①), 61쪽.

비롯하여 8세 풍월주 문노, 그리고 임진왜란 때 맹활약한 뒤 전쟁이 끝나자 은퇴하여 신선의 길을 추구한 곽재우를 들 수 있다.[48] 남명의 또 다른 문인인 탁계 전치원濯溪 全致遠: 1527~1596 역시 임진왜란 시에 66세의 나이로 초계草溪에서 창의기병 하여 두 번의 전투에서 승리함으로써 자기 고장을 지켰으나, 나라에서 내리는 벼슬을 한사코 거절하다가 생을 마감하였다.[49]

물계자는 '말갈[勿吉]족 출신의 현자'로서 유목 문화권에 속하는 인물이었으며, 문노와 곽재우, 전치원은 가야문화의 영향을 깊이 받은 인물들이었다. 여기서 유목문화와 가야문화의 연관성을 생각해 볼 수 있겠지만, 지면 관계상 더 이상의 언급은 생략하겠다.

조식은 숭문천무崇文賤武의 시대를 살면서도 이러한 문사와 무사의 두 길 중 어느 것도 소홀히 하지 않는다. 그리하여 스스로가 문무겸비지사로서의 참 선비를 지향하였다. 다만 이때 이 두 길은 조식의 경의사상에서 본다면 거경성찰에 해당하는 행의行義의 길이며, 이 길을 걷기 위해서는 거경함양 단계에서 정좌수련에 의거하여 집중력[의지력]을 배양하는 일이 필수적이고 선행적으로 요청되었다고 할 수 있다.

48 손병욱(2018①), 61쪽.

49 손병욱(2019②), 131-176쪽.

3) 문과 무를 아우르는 종합적이고 현실적인 측면

(1) 조식이 의義의 상징으로 지녔던 칼[劍]은 어떤 함의를 지니는가? 칼은 무도武道와 행의行義의 상징이다. 무도수련으로 형성된 의기義氣는 그대로 행의의 바탕이 된다. 무도의 경우는 의기가 형성되어야 행의가 가능하다. 의기 형성이 먼저고 행의가 다음인 것이다.

유교의 경우는 『맹자』에서 드러나듯이 의를 실천하는 행의를 통하여 의기가 형성된다. 행의[集義=積善]가 먼저고 의기 형성이 그 다음이다. 이렇게 하여 형성되는 의기가 곧 호연지기浩然之氣이다. 천지간에 가득 찬 넓고도 큰 원기元氣로서, 의와 도에 짝하는 기운인 호연지기[50]란 사람마다 본래부터 지닌 천성天性이다. 따라서 호연지기의 형성은 자기 본래성의 회복과 다른 것이 아니다. 호연지기가 내면에 형성되면 곧 대장부大丈夫의 인격을 지니게 된다.

신라 화랑도花郎徒처럼 무도의 상징인 검도수련으로 의기를 형성하면 행의가 매우 용이하다. 그리하여 행의→호연지기 형성→대장부의 인격 구비로 나아간다. 그러고 보면 그가 검에 새겼던 '외단자의外斷者義'에서 의란 무도적이고 무武적인 의와 유교적이고 문文적인 의, 곧 문과 무의 두 의를 매개하면서 포괄하는 함의를 지닌다고 할 수 있다. 그리하여 조식은 문인들에게 무예수련을 등한히 하지 말고 문적인 공부와 병행함으로써, 출전하면 장수가 되고 조정에 들어오면 유능한 문신文臣이 되어서 임금을 잘 보필할 수 있는 출장입상出將入相의 문무겸비지사,

50 『맹자』, 「공손추장구(公孫丑章句)」상, 호연지기(浩然之氣)장, "其爲氣也, 至大至剛…塞乎天地之間. 其爲氣也, 配義與道."

곧 참 선비가 되어야 함을 강조하였다.

이때 무도수련으로 의기를 형성하여 의를 실천하기에 앞서서 정좌 수련으로 집중력[의지력]을 배양해 두면 이것이 무적인 공부와 문적인 공부에 다 같이 커다란 도움을 줄 수 있을 것이다.

(2) 이제 조식의 정신세계를 깊이 천착한 바탕 위에서 우리는 이 시대적 감각에도 맞고 조식의 의도도 살려 내는 방식으로 '참 선비의 길'을 탐구할 필요가 있다. 그것은 위에서 살펴본 문사의 길과 무사의 길을 종합적으로 아우르면서 현대의 시대적 상황을 고려하는 접근이 될 것이다. 그랬을 때 참 선비는 문무겸비지사 외에도 다음의 특징을 갖는다고 하겠다.

- 참 선비는 지기지사志氣之士를 넘어선 창의적 리더이다.
- 참 선비는 의기義氣를 지닌 청렴淸廉하고 유능有能한 존재이다.[51]
- 참 선비는 의기 배양에 의거하여 의를 실천하는 행의行義의 삶을 산다.

이 시대의 참 선비는 창의적 리더이다. 창의적 리더에게는 창의성과 함께 리더십이 요청된다. 이때의 창의성과 리더십 속에는 전문성과 인성이 들어 있다. 따라서 창의적 리더가 되면 제대로 된 인성을 갖춘 전문가가 되는 것이다. 이에 조식의 참 선비 이념을 이 시대에 제대로 구현하기 위해서는 전문성과 인성을 갖춘 창의적 리더의 길을 모색하고

51 조식은 「군법행주부(軍法行酒賦)」에서 "의기(義氣)가 없는 남자는 남의 미끼밖에 되지 않는다. 따라서 의기가 없을 수 없다"고 하였다. (조식/남명학연구소(1995), 119쪽.) 그가 형성하여 지녔던 호연지기 역시 의기라고 하겠다.

제시해야 할 것이다. 과연 그 길이 무엇인가?

전문성과 인성을 갖춘 창의적 리더는 의기를 지니고 있다. 이때 의기란 청수淸粹하고 충실充實한 기운을 가리킨다. 창의적 리더는 그 기운이 맑고 순수[淸粹]하므로 청렴하고, 그 기운이 충실하므로 유능하다. 그러므로 그는 자기의 지향처에 도달하려는 강렬한 의지와 집념을 가지고 어두운 곳을 밝히고 막힌 곳을 뚫어서, 자기가 소속된 조직 공동체 구성원 모두와 함께 리더 자신의 지향처를 향하여 부단히 앞으로 나아갈 수 있다. 그리하여 그 지향처에 도달함으로써 박시제중博施濟衆의 인仁을 실현하려고 하는 인간상이다. 의기에 바탕한 행의의 삶이 인의 실현으로 연결된다고 하겠다.

(3) 참 선비가 되기 위해서는 먼저 지기지사志氣之士가 되어야 한다. 그런데 지기志氣의 사전적 의미는 '어떤 일을 하고자 하는 의지意志와 기개氣慨'이다. 이 말의 출처는 『예기禮記』로서, 여기서는 "청명이 몸에 있으면 지기志氣가 신과 같고, 인욕이 깨끗이 없어지면 천리가 유행한다"라고 하였다.[52] 그렇다면 지기지사란 어떤 인간상인가? '어떤 일을 하고자 하는 의지와 기개를 갖춘 사람'이다. 『화랑세기』, 15세 유신공 조에서는 "여러 나라를 순행하여 지기가 있는 선비들[志氣之士]을 모집하여 삼한을 통합했다"고 하였다.[53] 여기서 이러한 지기지사가 되기 위해서는 두 가지 조건을 갖추어야 한다.

첫째, 삶의 궁극적인 목표인 지향처志向處가 제대로 정립되어 있어야

52 『예기(禮記)』 제29, 공자한거(孔子閒居) 조, "淸明在躬, 氣志如神, 人欲淨盡, 天理流行."

53 김대문/이종욱(2009), 238-239쪽, "巡行列國以募志氣之士, 統合三韓."

한다.

둘째, 이 지향처에 도달하려고 하는 강렬한 의지와 집념을 지니고 있어야 한다.

무엇보다도 입지立志, 곧 '지향처 세우기'가 중요하다. 이것은 이 시대 상황에 맞는 참 선비의 길을 제대로 가기 위한 첫 출발점이다. 바람직한 지향처는 네 가지 조건을 고려해야 한다. 그것은 시대성時代性의 조건, 공공성公共性의 조건, 전문성專門性의 조건, 과업지향성課業志向性의 조건이다.[54] 이러한 지향처 세우기에 더하여 지향처에 도달하려고 하는 강렬한 의지를 지니게 되면 그 기운이 청수淸粹해지므로 청렴하게 된다.

그러면 두 번째 조건을 갖추기 위해서는 어떻게 해야 하는가? 앞에서 살펴봤듯이 의지력과 집중력이 상호 깊은 상관관계를 지니고 있음에 주목하여 집중력을 배양하면 된다. 그렇게 하기 위한 가장 좋은 방법은 조식을 비롯한 조선조 유교적 성현들이 널리 애용하였던 정좌수련이다. 정좌의靜坐儀에 입각한 정좌수련을 하면 집중력[의지력]이 배양되므로 지기지사가 될 수 있다. 즉, 거경함양 단계에서 정좌수련을 통해서 지기지사가 되는 것이다.

지기지사의 가장 큰 특징은 청렴함이다. 청렴함의 가장 큰 특징은 유혹誘惑에 강한 것이다. 유혹에 강하다고 함은 자기의 지향처에 도달하는 것과 관련이 없는 일에 대하여 관심이 없는 것을 말한다. 오직 자기 지향처에 이르려고 하는 의식만 강렬하고 또렷하기에 유혹에 강할 수 있고, 그래서 청렴한 것이다. 청수한 기운을 지닌 청렴한 존재인 지

54 여기에 대한 구체적인 설명은 본서 '한선원의 하드웨어와 소프트웨어 활용방안', 101-103쪽을 참조하기 바람.

기지사는 유혹에 강한 것을 포함하여 5가지 심성구조상의 특징을 지닌다.

② 언제나 제 자리에 있을 수 있다. ③ 남에게 상처를 받지도 않고 주지도 않는다. ④ 하고자 하는 바와 좋아하는 바가 일치한다. ⑤ 계율수지戒律守持의 중요성을 인식한다.[55]

(4) 참 선비란 지기지사를 넘어선 인간상이다. 그러자면 지기지사가 되기 위한 두 가지 조건 외에도 한 가지 조건을 더 충족해야 한다. 그것은 '스스로 설정한 지향처를 향하여 부단히 나아갈 수 있는 힘을 배양하고 활용해야 한다'는 것이다. 이 힘이 곧 삼대력三大力이다. 바로 지력知力, 기력氣力, 정감력情感力을 가리킨다. 삼대력을 배양하고 활용하면 기운이 충실充實하므로 유능하게 된다. 유능한 이란 위에서 살펴봤듯이 '어두운 곳을 밝히고 막힌 곳을 뚫어서 조직 공동체 구성원 모두와 함께 스스로 설정한 지향처를 향하여 부단히 앞으로 나아갈 수 있는 사람'이다. 어두운 곳은 밝히고 막힌 곳은 뚫고 나아갈 수 있으므로 창의적이다. 또한 자기의 개인적인 지향처를 공동체 구성원 모두의 지향처로 수용하게 할 수 있으므로 리더십을 갖추었다. 따라서 그는 창의적 리더leader로서의 자격을 갖춘 사람이다.

그렇다면 삼대력은 각각 어떻게 설명될 수 있으며, 어떠한 공부 방법으로 배양할 것인가?

---

55 여기에 대한 구체적인 설명은 손병욱(2013①), 61-63쪽의 내용을 참고하기 바람. 조식은 「신명사도」에서 이 부분을 '건백물기(建百勿旂)'로 표현하였다. '백 가지로 하지 말아야 할 것의 깃발을 세운다'는 의미로서 금계(禁戒)와 권계(勸戒) 중 주로 금계를 말한 것으로 여겨진다.

지력은 정신적인 생명 활동을 왕성하게 하는 힘으로서 일명 지성知性의 힘이라고 한다. 구체적으로는 이해력, 기억력, 추리력상상력·응용력, 판단력을 말한다. 지력은 어떻게 배양하는가? 일반적으로 인문과학에서는 독서궁리讀書窮理의 공부 방법으로, 사회과학에서는 독서궁리+field research의 방법으로, 자연과학에서는 독서궁리+실험관찰의 공부 방법으로 기른다. 예·체능 분야라면 지력 배양을 위해 독서궁리+실습이 필요할 것이다. 이 힘은 창의적 리더의 삶에서 일반적으로 어두운 곳을 밝히는 인식능력으로 활용된다.

기력은 육체적인 생명 활동을 왕성하게 하는 힘으로서 일명 야성野性의 힘이라고 한다. 구체적으로는 박력, 결단력, 추진력을 말한다. 기력은 어떻게 배양하는가? 이는 주로 신체단련의 공부 방법으로 기른다. 조식이 지닌 '칼의 정신' 속에는 특히 무예수련에 의한 기력배양으로 천하제일의 보검이 되려는 의지가 들어 있음을 앞에서 살펴보았다. 스스로를 천하제일의 보검으로 만들면 어떠한 대상도 쉽게 일도양단하여 처리할 수 있다. 그 비결은 달굼질–단련질–담금질의 무한한 되풀이 곧 '삼삼(3·3)질 법칙'을 내 몸에 적용하는 데 있다. 이렇게 하여 형성된 야성의 힘 곧 기력은 창의적 리더의 삶에서 막힌 곳을 뚫는 실천 능력으로 활용된다.

정감력은 남과 어울리고 소통, 친화할 수 있는 힘으로서 일명 감성능력感性能力이라고 한다. 구체적으로는 공감능력, 친화력, 감화력, 호소력, 포용력을 말한다. 정감력은 어떻게 배양하는가? 공동체 생활에 참여하거나 음악교육을 통한 어울림harmony의 체득에 의해서 가장 효율적으로 기를 수 있다. 이 힘은 창의적 리더의 삶에서 리더의 지향처를 공동체 구성원 모두의 지향처로 수용하도록 할 수 있는 리더십으로 활용된다.

창의적 리더는 지기지사의 5가지 심성구조상의 특징에 더하여 다시 다음과 같은 4가지 특징을 지닌다.

① 언제나 제 자리에 있으면서 제 할 일 할 줄 안다. ② 내면에 추세趨勢가 형성되어 있어서 지향처를 향하여 부단히 앞으로 나아갈 수 있다. ③ 인정[情]과 의리[義]의 덕목을 동시에 추구하므로 그 조직공동체가 강력한 힘을 발휘하게 한다.[56] ④ 국가 공동체가 위기에 처하면 자기의 모든 것을 바쳐서 헌신·봉사하지만, 위기 상황에서 벗어나면 일체의 공치사를 바라지 않고 깨끗이 물러나서[功成身退] 자연과 더불어 유유자적하는 삶을 영위할 줄 안다.

이러한 창의적 리더의 인성은 흔히 의意+지知+야野+감感으로 표현된다. 여기서 의意란 자기의 지향처에 도달하려고 하는 의지력[집중력]을 가리킨다. 거경함양 단계에서 정좌수련을 통하여 이 힘이 갖추어지면 기운이 청수하여 청렴한 지기지사가 된다. 이 힘은 달리 마음의 면역성인 회복탄력성回復彈力性이라고도 한다.[57] 지知+야野+감感은 지성+야성+감성이다. 거경성찰 단계에서 회복탄력성을 포함한 이들 인성을 함양하면 기운이 충실하여서 유능한 존재가 된다. 이처럼 창의적 리더가 창의성과 리더십을 구비하기 위해서 노력하는 가운데 전문성뿐만 아니라 바람직한 인성이 갖추어지게 되는 것이다.

창의적 리더가 지닌 의기는 지향처志向處에 대한 의지와 집념[意]+지

56 여기에 대해서는 뒤에서 상세하게 다룰 생각이다.

57 김주환(2011)의 책에 따르면 회복탄력성을 높이는 두 가지 방법을 제시하는데, 그것은 운동하기와 감사하기이다. 그런데 필자는 이 보다는 명상을 통한 집중력[의지력] 배양이야말로 회복탄력성 향상을 위한 보다 더 근본적인 방법임을 확신한다.

력知力+기력氣力+정감력情感力으로 표현된다. 위에서 설명한 인성과 표현만 다를 뿐 결국 동일하다. 이처럼 창의적 리더는 내면에 의기를 배양하여 지니고 있으므로 의를 실천하는 행의의 삶을 살게 된다. 이 삶의 양상은 조식의 참 선비 이념에 비추어 두 가지 양상으로 나타난다.

첫째, 목표 지향적인 삶이다.

둘째, 강하면서도 선한 문화국가를 이루려고 하는 삶이다.

이 둘은 별개의 것이 아니다. 제대로 된 지향처를 정립한 이가 목표 지향적인 삶을 살게 되면, 그 지향처가 무엇이건 결국은 강하면서도 선한 문화국가를 이루는 데 기여하는 삶이 될 수밖에 없다. 이처럼 강하면서도 선한 문화국가는 참 선비만이 이룰 수 있다. 모리배, 정상배, 시중잡배 따위의 속물들이 이룰 수 있는 목표가 결코 아니다. 이제 이 국가관에 대하여 살펴보자.

2. 강하면서도 선한 문화국가 이념

조식이 꿈꾼 나라는 어떤 나라였을까? 당시의 선비들, 유학자들이 꿈꾸었던 나라와 어떻게 같고 다른가? 우선, 도덕적으로 지선至善한 나라였다고 하겠다. 선악의 논리가 지배하던 시대 상황 속에서 이런 나라를 이상향으로 삼는 것은 당연하다. 그러나 조식은 분명히 스스로 '천하제일의 보검'이 되어서 종묘사직을 외적의 침입으로부터 안전하게 수호하려는 무의식武意識, 무의 정신을 지니고 있었음을 살펴보았다. 이러한 정신은 강약의 논리와 통한다. 조식은 여기에 그치지 않고강한 나라를 희구하였다. 그리고 이처럼 선함과 강함, 강함과 선함을 조화

롭게 추구하는 것이 유학의 개조인 공자孔子의 본의라고 확신하였다.[58]

그가 말한 "나라의 큰일은 국방과 경제보다 더한 것이 없다[國之大事, 不過兵食]"는 말은 간명하지만 생존이 보장되는 나라, 강한 나라가 되는 것이 얼마나 중요한지를 잘 말해 주고 있다.[59] 이 말이 나온 출처는 바로 『논어』이다. 『논어』에서는 강함과 선함의 관계 정립에 시사를 줄 수 있는 말이 나온다.

> 자공이 정치에 대해 물으니 공자가 말하길, '먹을 것을 풍족하게 하고, 국방력을 튼튼하게 하며, 백성들이 위정자를 신뢰하도록 하는 것이다.' 자공이 말하길, '부득이하여 버리지 않을 수 없다면 이 셋 중 어느 것을 먼저 버려야 합니까' 하고 물으니 공자가 '국방력을 포기하라'고 말하였다. 자공이 '나머지 둘 중 또 버리지 않을 수 없다면 어느 것을 버려야 합니까'라고 물으니, 공자가 '먹는 것을 포기하라'고 하면서 '예로부터 누구나 죽기 마련이지만, 백성에게 신뢰를 얻지 못하면 (위정자가) 설 수 없다'고 말하였다.[60]

> 공자가 위나라에 갔는데 염유가 수행하였다. 공자가 '(사람

58 그가 「신명사도」에서 표현한 '왕도(王道)'는 '덕으로써 인을 실천[以德行仁]'하는 왕도정치이되, 이 속에는 스스로를 지킬 수 있는 강력(强力) 곧 경제력과 국방력의 의미가 들어 있다고 봐야 할 것이다.

59 『남명집』, 「여자강자정서(與子强子精書)」.

60 『논어』, 「안연」 편, "子貢問政, 子曰, 足食, 足兵, 民信之矣. 子貢曰, 必不得已而去, 於斯三者, 何先? 曰, 去兵. 子貢曰, 必不得已而去, 於斯二者, 何先? 曰, 去食, 自古皆有死, 民無信, 不立."

들이) 많구나'라고 말하였다. 염유가 '이미 사람들이 많이 산다면 또 무엇을 더해 주어야 합니까' 하고 물었다. 공자가 '부유하게 해 주어야 한다〔富之〕'고 하였다. 또 말하길 '이미 부유해졌다면 또 무엇을 더해 주어야 합니까' 하고 물으니, 공자가 '그들을 가르쳐야 한다〔教之〕'고 하였다.[61]

'족식足食', '족병足兵'은 경제력과 국방력이므로 이는 육체적이고 물질hardware적인 강함과 연관되고, '민신지의民信之矣'는 정신software적인 선함과 연관된다. 위정자에 대한 믿음은 그가 얼마나 윤리적이고 도덕적인가의 여부에 달려 있기 때문이다. '부지富之'는 경제적인 부강함을 가리키고, '교지教之'는 정신적인 선함과 관련된다. 여기에서 나타나는 공자정신의 본령은 무엇일까? 필자는 공자정신에 비추어 강함과 선함의 관계를 선후관先後觀과 본말관本末觀으로 나누어 살펴볼 수 있다고 본다.

선후관에서 보면 강함이 선함보다 우선하지만, 본말관에서 보면 선함이 강함보다 더 근본적이다. 따라서 이러한 관계를 충분히 고려해야만 강함과 선함이 제대로 균형 있게 추구될 수 있다고 보는 것이다.

그러므로 조식이 공자의 본령에 비추어 파악한 이상적인 국가 이념은 '강하면서도 선한 문화국가'였다고 본다. 물론 이때의 강함은 선함을 실현하기 위한 강함이다.

강한 나라는 어떠한 나라인가? 먼저, 생존이 보장되는 나라이다. 그러자면 경제력과 국방력, 그리고 의료보장을 비롯한 최소한의 사회복지가 순차적으로 구비되어야 할 것이다. 이것은 결국 경제력을 바탕으

61 『논어』, 「자로」 편, "子-適衛, 冉有-僕, 子曰, 庶矣哉. 冉有曰, 旣庶矣, 又何加焉. 曰, 富之. 曰, 旣富矣, 又何加焉. 曰, 教之."

로 가능하다. 다음으로, 법질서와 기강이 확립된 나라이다. 그러자면 법 앞에 만인이 평등해야 하고, 이렇게 되기 위해서는 신상필벌信賞必罰, 일벌백계一罰百戒의 원칙을 확립해야 한다. 그래야만 국가 공동체의 기강을 제대로 유지할 수 있다.

선한 나라는 어떤 나라인가? 양심에 따라서 사는 사람이 대접받고, 큰소리치고, 사회를 주도하는 나라이다. 적어도 이들이 손해 보지 않고 바보 취급당하지 않아야 한다.

이처럼 생존이 보장되고 법질서와 기강이 바로 선 강한 나라가 될 때 국민은 비로소 선해지고자 하는 의지를 갖는다. 물론 이러한 의지는 여기에 합당한 교육 내지 교화에 의해서 적극적으로 실현된다. 제대로 된 교육을 통해서 대다수 국민이 선해진다면 이런 나라는 스스로를 행복하게 하고 인류 전체를 행복하게 해 줄 고급문화를 끊임없이 창출해 내는 위대한 문화국가로 발돋움할 수 있을 것이다.

왜 선함에서 고급문화가 나오는가? 이때의 선함은 진선미眞善美 삼위일체의 관점에서 본다면 진리와 통하기 때문이다. 고급문화는 진리에 바탕을 둔 문화이다. 그리고 다른 사람에게 진리의 세계로 나아가도록 해 줄 수 있는 문화이다. 따라서 선한 나라여야만 아름다운 문화국가로 발돋움할 수 있다.

이상을 다음과 같이 말할 수 있다. 생존이 보장되지 못하면 법질서와 기강을 확립할 수 없다. 생존의 보장과 함께 법질서와 기강이 확립되지 못하면 선한 나라는 실현되지 않는다. 그러면 문화국가 역시 불가능하다. 물론 생존의 보장에서도 순서가 중요하다. 경제력을 바탕으로 한 국방력을 구비해야만 사회복지의 실현이 가능하다.

조식은 참 선비로서 이런 나라, 곧 강하면서도 선한 문화국가를 꿈꾸었다. 그리고 이런 나라는 여전히 우리가 이루어야 할 우리의 미래 비전vision이다. 이런 나라를 이루기 위해서 노력하는 것이야말로 이 시대를 사는 우리들이 실천해야 할 의[行義]이다. 그리고 이러한 행의行義를 위해서는 의기가 형성되어 있어야 하는데, 청수하고 충실한 기운이 바로 의기이다. 그리고 이러한 의기를 배양하여 지니면 청렴하고 유능한 참 선비가 되는 것이다. 결국 청렴하고 유능한 참 선비만이 이런 나라를 향해 제대로 나아갈 수 있다.

3. 조화와 포용의 정신

조식의 정신세계에는 서로 이질적인 사상들이 조화롭게 공존하고 있다. 그는 성리학 외의 다른 학문에 대해서도 매우 개방적이고 포용적이었다. 이는 그가 수학기修學期에 다른 유학자들과 달리 매우 폭넓게 공부한 것과 깊은 연관성이 있다. 그는 경·사·자·집經史子集을 비롯하여 천문·지지地誌·의방醫方·수학·궁마弓馬·항진行陣·관방關防·진수鎭戍 등에도 뜻을 두고 공부하였다.[62] 그리하여 이들 사상을 경의로 집약하다가 보니까 그의 경의의 함의는 남다른 데가 있었던 것이다. 이러한 조화와 포용의 정신은 현재 다문화시대에 살면서 통일을 맞이해야 할 우리가 여전히 잘 살려 나가야 할 부분이 아닐 수 없다.

그의 정신을 오늘날의 관점에서 본다면, 앞에서 언급한 문무의 조화 외에도 예악禮樂의 조화, 유·불·선 삼교의 조화 등으로 제시할 수

62 조식/남명학연구소(1995), 20쪽.

있을 것이다. 문무의 조화에 대해서는 더 이상 언급하지 않겠다. 이제부터 예와 악의 조화, 그리고 유·불·선 삼교의 조화에 대하여 살펴보고자 한다.

1) 예와 악의 조화

조식의 정신세계에는 마음에 조그마한 흠결과 틈도 용납하지 않으려고 하는 엄격함과 팽팽한 긴장감이 흐른다. 따라서 긴장과 조임의 예의禮義정신은 충만해도 발산과 풀림의 가악歌樂정신이 부족한 것 아닌가 하는 인상을 받기 쉽다. 아마도 미구未久에 닥치고 말 왜구의 침입이라는 위기를 피부로 느끼면서 살았던 조식에게는 느긋한 여유를 즐기는 그런 자세가 일종의 사치로 치부되었을 것이다. 그러나 조식의 정신 속에는 조화와 포용의 정신이 자리 잡고 있음에 비추어 그도 예악의 조화로운 추구를 부정하지 않았다고 여겨진다.

앞에서도 살펴봤듯이 조식의 정신적 영향을 강하게 받은 이른바 '남명 문화권'에 속하는 남사 예담촌은 예와 악을 겸비한 매우 드문 마을이 되었다. 그리하여 예의 상징인 '유림독립기념관'과 악의 상징인 '기산기념관+기산국악당'을 동시에 지니고 있다.

이 시대에도 이러한 조화로운 추구는 대단히 중요하다. 과거 조선조는 예송논쟁禮訟論爭을 비롯하여 주로 지나친 예의 강조로 인한 부작용을 겪었다면, 지금은 예의 정기능이 실종되어 버리고 대신 너무 악이 강조되는 세상에 살고 있다. 이 시대를 사는 현대인들이 예악의 조화를 꾀하는 것은 매사에 균형 잡힌 시각을 지니려고 하였던 조식의 정신적 본령에 비추어 너무나 당연한 일이라고 여겨진다.

이제 한선원이 본격적으로 가동하고 있는 이 시대에 그동안 잃어버린 예의 정신을 되살려서 예와 악을 조화롭게 추구하는 것의 중요성과 의미를 제대로 자각할 필요가 있다. 이에 이러한 조화로운 추구가 알려 주는 의미를 먼저 파악해 보기로 하자.

『예기』에 나오는 예와 악의 기능을 대비적으로 정리해 보면 다음과 같다.[63]

예와 악의 기능 비교표

예(禮)	밖을 닦음[所以修外]	외모를 꾸밈[飾貌]	다름[異]	서로 공경함[相敬]	서먹서먹함[離]
악(樂)	안을 닦음[所以修內]	감정을 통합함[合情]	같음[同]	서로 친함[相親]	맞먹으려고 함[流]

예는 '너와 나는 다르다는 의식'을 바탕으로 나온 것이라면 악은 '너와 나는 같다는 의식'을 바탕으로 하여 나온 것이다. 이처럼 상이한 의식을 각각 지닌 예와 악이 조화된 세상은 지나친 예의 부작용인 서먹서먹함[離]과 지나친 악의 부작용인 버르장머리 없이 함부로 처신함[流]에 경종을 울린다. 그리하여 예의 정기능인 상호 공경함[相敬]과 악의 정기능인 서로 마음을 터놓고 친밀하게 지냄[相親]을 동시에 살려 나가도록 해 준다.

이처럼 예와 악의 조화로운 추구는 인간관계에서 '좋은 거리good distance'를 유지하게 함으로써 '형제애兄弟愛가 넘치는 세상'을 지향하도록 한다.[64] 이런 세상을 지향해 나가게 되면 현재 우리 사회가 안고 있는 많은 문제점을 해결해 줄 길을 찾을 수 있을 것이다.

63 『예기(禮記)』, 「악기(樂記)」편, "樂所以修內, 禮所以修外.", "樂者爲同, 禮者爲異. 同則相親, 異則相敬. 樂勝則流, 禮勝則離, 合情飾貌者, 禮樂之事."

64 김형효(1987), 49쪽.

2) 유·불·선의 조화

조식은 유학자였지만 당시로서는 드물게 병가, 불교, 도가·도교사상에 두루 관심이 깊었고 이들 세계를 깊이 이해하고 있었다. 바로 이러한 조식의 특징에 비추어 이곳 한선원 일원과 이웃하고 있는 청학동의 선교 문화권과 악양 및 화개동천의 범불교 문화권과의 교류는 아주 자연스럽고 또한 다른 지역의 성리학과 변별되는 장점이 될 수 있다.

조식이 지녔던 다른 사상에 대한 조화와 포용의 정신은 유교의 본령에 비추어 전혀 문제될 것이 없다.[65] 도리어 당시 다른 성리학자들, 특히 이황처럼 벽이단론闢異端論과 정통수호의 명분 아래 지나치게 배타적이고 폐쇄적인 태도가 문제시될 것이다.[66]

조식의 이러한 정신은 앞으로 이곳 한선원 일원을 활성화하는 데 크게 기여할 수 있을 것이다.[67] 나아가 다문화시대, 다종교·사상의 시

---

65 『중용』에서 말한 "(만물은 함께 자라되 서로를 해치지 아니하고,) 도는 함께 나아가되 서로 거스르지 않는다[(萬物竝育而不傷害,) 道竝行而不相悖]"는 의미를 잘 음미할 필요가 있을 것이다.

66 조식이 만년에 터 잡은 이곳 지리산은 그 품이 넉넉하다. 따라서 예로부터 유교뿐만 아니라 불교, 도가 · 도교, 그리고 우리의 고유한 선교(仙教)도 이 품 안에서 공존해 왔다. 조식은 이런 곳에 자리를 잡으면서 자기가 신봉한 '유교 아니면 안 된다, 유교만이 유일한 진리체계이고 나머지는 이단이니 가까이해서는 안 된다'라고 하지 않았다. 마치 천왕봉에 오르는 데 얼마든지 다양한 코스가 있겠지만, 어느 코스를 선택하건 천왕봉에 오르면 그 경지는 동일하다고 본 것과 같은 이치이다. 이 점에서 지리산은 청량산(淸涼山)과는 그 규모와 높이가 다르다. 특히 그는 주로 지금의 화개동천에 터를 잡고 있었던 불교 스님들과 교류, 소통하였다. 서산 휴정과 그의 제자 사명당 유정이 지리산에서 조식을 만나서 교유하였음은 기록으로써 확인된다.

67 특히 그의 불교관은 주목된다. 그는 '을묘사직소(乙卯辭職疏)'에서 유교와 불교의 궁극적인 경지는 하나임을 역설하였다. "불교의 이른바 참다운 선정이란 다만 이 마음을 보존하는 것일 따름이다. 위로 천리에 도달하게 된다면 유교와 불교는 하나다.[佛氏所謂眞定者, 只在存此心已, 其爲上達天理, 則儒釋一也.]"(조식/남명학연구소(1995), 446쪽.)

대, 그리고 통일 전야를 살면서 미구에 다가올 통일한국 시대를 조망할 때 이처럼 개방적이고 포용적인 조식의 사상과 정신은 한국 사회의 적폐 해소와 통합 실현에 커다란 효력을 발휘할 수 있는 가장 유효한 현실적인 대안이 될 수 있다고 여겨진다.

3

한선원의 하드웨어와 소프트웨어 활용 방안

1. 실천적인 선비정신 중심의 연구 활동을 위한 본거지로 활용하는 방안

여기서 이곳 한선원에서 무엇을 어떻게 연구할 것인가의 문제가 제기된다. 많은 연구 대상과 과제, 그리고 접근 방법이 있을 것이다. 연구 활동은 다시 크게 학술 연구와 자료 수집으로 나누어 고찰할 수 있다. 다만, 여기에 대해서는 선행 연구의 자료가 있으므로 이것을 소개하고 상세한 것은 생략한다.

- 손병욱, 「한국선비문화연구원의 효율적 운영방안 고찰」, 『남명학』 제15집, 남명학연구원, 2010, 142-145쪽의 내용을 참고하기 바란다.
- 정우락 외, 『한국선비문화연구원의 지표 및 운영 매뉴얼 개발』, 사단법인 남명학연구원, 2012. 10, 15-21쪽의 내용을 참고하기 바란다.

이곳에서의 연구는 그것이 연구를 위한 연구여서는 안 된다는 점을 지적하고자 한다. 이는 조식이 생전에 가장 비판한 대목이었음을 유념해야 할 것이다. 실천이 전제되지 않은 연구는 그 의미가 반감되며, 바로 이것이 이황과의 차이가 분명해지는 지점이기도 하다. 조식이 '수신행도修身行道와 궁리치용窮理致用'을 강조한 연유도 실천을 통해 현실적인 삶의 문제를 해결하는 데 도움을 받고자 한 것이었음에 주목할 필요가 있다. 연구가 실천을 위한 연구가 되도록 하자면, 그것이 다음에 소개할 연수 내지 교육과 연계될 수 있어야 할 것이다.

2. 실천적인 선비문화 계승과 확산을 위한 인성교육의 장으로 활용하는 방안

1) 위기(危機)의식을 지닌 청렴하고 유능한 인간상을 배출하는 요람지搖籃地로서 활용하자

우리 후학들이 이 시점에서 조식의 유지遺志와 유업遺業을 '계승[繼志述事]'하기 위해서 무엇에 주목해야 할 것인가? 조식이 우리에게 보여준 참 선비상을 우리가 어떻게 되살릴 것인가? 참 선비란 의기義氣를 지니고 의를 실천[行義]할 수 있는 존재, 청수淸粹하고 충실充實한 기운을 지닌 청렴淸廉하고 유능有能한 존재, 무의식武意識을 지닌 문사인 문무겸비지사, 창의적 리더로서 그 핵심은 '위기의식과 청렴의식'에 있다고 본다.

먼저, 위기危機의식에 대하여 살펴보자.

위기의식이야말로 조식이 조식일 수 있었던 핵심 중의 핵심이다. 그는 자기 시대가 위기라는 생각을 한시도 잊은 적이 없었다.[68] 실지로도 그 당시는 위기였다. 그러나 사실 알고 보면 인류 역사상 언제, 어느 시대라도 위기가 아니었던 적은 한 번도 없었다. 만약 국정의 최고 통치자가 자기 시대를 정말로 위기의 시대라고 느끼고, 그 위기의 실상을 정확히 파악한다면 바로 그 순간에 태평성대의 길이 열린다. 그러나 위정자가 자기 시대를 태평성대라고 여기면 그 순간 방심하게 되고 결과

68 이러한 위기의식은 그가 55세 되던 해(1555) 임금에게 올린 을묘사직소(일명 단성현감 사직소)를 비롯한 각종 상소문에서 잘 드러나고 있다.

적으로 나라는 위기 상황에 몰려서 존망의 기로에 봉착하게 된다. 이 점이 중요하다. 어떻게 하면 국가의 지도 계층에게 자기 시대가 위기임을 제대로 자각하도록 할 것인가?[69]

만약 당시 임금 선조가 조식과 같은 위기의식을 지녔다면 당연히 임진왜란은 일어나지 않았을 것이다. 설령 일어났더라도 그렇게 참혹하지는 않았을 것이다. 조선이 명실상부하게 승리를 거두면서 조기에 종결되었을 것이다. 나아가 임진왜란 이후라도 국왕과 위정자들이 제대로 된 위기의식을 가졌다면 정묘호란·병자호란은 없었을 것이다. 그런데도 조식과 그의 문인들은 모두 지녔던 위기의식을 실제로 국가를 책임진 사람들은 거의 제대로 지니지 못했다. 왜 그랬을까?

필자는 제대로 된 위기의식은 심신수양 가운데서도 몸의 수련, 즉 신체단련에서 깃든다고 본다. 그런데 이렇게 하는 데에는 문적인 공부에만 치중한 문사文士에게는 한계가 있다. 문사는 정신의 수련에 치중한다. 물론 『소학』적 실천, 꾸준한 집의[積善], 그리고 정좌수련과 같은 것은 몸의 수련과 무관하지 않다. 그러나 이러한 수련은 그렇게 치열하지 못하다. 조식이 묘사하였듯이 '무쇠를 뜨거운 불에 달구어 두드려서 일체의 불순물이 제거된, 칼날이 새파랗게 번득이는 한 자루 보검을 뽑아내는 강도 높고 집중적인 단련'이 문사에게는 없는 것이다. 조식에게는 백련천마百鍊千磨의 신체단련으로 어떠한 대상도 일도양단一刀兩斷할 천하제일의 보검이 되겠다는 '칼의 정신'이 있었기에 위기의식을 제대로 지닐 수 있었다고 하겠다.

---

69 정우락 외(2012②), 6-8쪽, 12쪽 등에서도 '위기'가 남명정신의 포인트임을 강조하면서 위기 진단과 위기 관리를 역설하고 있다.

그러나 무사라고 하여 위기의식을 갖는 데에 반드시 유리한 것도 아니다. 비록 위기임을 느끼더라도 무예수련에만 치중하면 그 위기를 정확히 진단하여 처방전을 제시할 수 없다. 따라서 조식과 같은 문무겸비지사라야만 왜 자기 시대가 위기인지를 제대로 진단하고 그 위기 상황을 극복하기 위한 역할을 다할 수 있다. 조식은 '무의식武意識을 지닌 문사'였고, 이때의 무의식은 '내가 항상 전쟁터에 있다는 항재전장恒在戰場의식'과 상통한다. 전쟁터는 나라의 존망과 백성의 생사가 결정되는 엄중하기 그지없는 장이다. 그러기에 문사가 무의식을 지니면 위기의식도 아울러 지니게 되는 것이다.

다음으로, 청렴의식에 대하여 살펴보자.

현재 한국의 청렴도는 이전에 비하면 많이 개선되었다고는 하지만 '국제투명성기구'가 발표한 1996년부터 2016년까지의 부패 정도는 세계 175개국 중 40위였다. 그리고 2016년도의 부패지수는 100점 만점에 57점이었다. 이에 비해 미국과 일본의 부패 정도는 평균 16위, 그리고 2016년의 부패지수는 75점으로 이들 두 나라와 우리나라의 간극은 여전히 크다. 국가인권위원회에 따르면 2017년도 국가별 부패인식지수에서 한국은 100점 만점에 54점, 180개국 중 51위를 차지했다. OECD 내에서는 35개국 중 29위로 전년 대비 동일 수준인 것으로 나타났다. 특히 조사 기간 중 발생한 고위 공직자가 연루된 국정농단 등 권력형 부패, 방산 비리 등 대형 부패사건으로 대내외 인식에 다소 부정적 영향을 끼친 것으로 풀이된다.[70]

우리의 경제력 수준, 국제적인 위상을 고려하면 여전히 우리나라의

70 국민권익위원회, "국제투명성기구(TI)의 부패인식지수(CPI) 관련 주요현황 및 대응계획", 2018. 2. 21, http://www.acrc.go.kr/acrc/board.do?command=searchDetail&method= searchDetailViewInc&menuId=050505&boardNum=68608; 국민권익위원회, "국제투명성기구(TI)의 '17년 부패인식지수(CPI) 발표에 대한 국민권익위원회입장", 2018. 2. 22.

부패 수준은 매우 심각함을 알 수 있다. 2014년 4월 16일 발생한 세월호 침몰 사건을 계기로 한동안 우리 사회에서는 미국의 조폭 조직으로 악명 높은 마피아를 빗댄 관피아, 해피아, 정피아라는 말들이 무성하게 떠돌았다. 이른바 정실인사情實人事로 서로의 비리를 눈감아 주는 비리와 부패의 순환사슬이 각종 권한을 가진 공무원 조직 내에 굳게 형성되어 있다는 것이다. 드디어 국가를 지킬 무기를 구매하는 방위사업청에서조차도 공무원과 무기 중개업자가 결탁한 심각한 비리가 적발되어서 우리를 아연실색케 하였다. 만약 이 부정부패를 제대로 발본색원하지 못한다면 한국의 미래는 암담하기 그지없을 것이다. 자 이 문제를 어떻게 근원적으로 해결할 것인가?

조식의 참 선비 이념은 청렴의 중요성을 강조한다. 만약 조식과 같은 참 선비가 되기를 꾀한다면, 그리하여 "벼슬에 나아가면 유능有能하여 하는 바가 있고, 향리에 머물러 살면 지키는 바가 있는[出則有爲, 處則有守]" 그런 대장부가 되고자 한다면 무엇보다도 청렴하지 않으면 안 된다.[71] 청렴함의 핵심은 무엇인가? 그것은 바로 유혹에 강한 것이다. 그러기에 자본주의 사회에서도 청렴함은 여전히 중요하다. 더군다나 돈과 각종 이권의 유혹에 넘어가면 패가망신하게 되는 공직자들에게 청렴성 확보 여부는 공직성패의 사활死活적 관건關鍵이 된다.

71 이 말은 조식의 출처관(出處觀)을 잘 알려준다. 이것은 중국 원대(元代) 유학자 노재 허형(魯齋 許衡: 1209~1282)의 말에서 나왔다. "이윤의 지향처를 내 지향처로 삼고 안자[顔回]의 학문을 내 배움의 대상으로 삼되, 대장부라면 벼슬에 나아가면 하는 바가 있고 향리에 머물러 살면 지키는 바가 있어야 한다. 그런데 벼슬에 나아더라도 하는 바가 없고 향리에 머물러 살더라도 지키는 바가 없다면, 지향하고 배우는 바를 장차 어디에 쓸 것인가?[志伊尹之志, 學顔子之學, 出則有爲, 處則有守, 大丈夫當如此. 出無所爲, 處無所守, 則所志所學, 將何爲]"였다. 조식은 25세 때 『성리대전』에 실린 이 구절을 접하고 큰 충격과 깨우침을 얻고 이후 성리학을 본격적으로 공부하게 되었다고 한다.

유혹에 강한 사람이 되기 위해서는 무엇보다도 거경함양 단계에서 지향처志向處를 제대로 세운 뒤에 정좌수련에 의거하여 집중력[의지력]을 충분히 배양할 수 있어야 한다. 필자는 앞에서 이런 사람을 일컬어 지기지사志氣之士라고 하였다. 이러한 지기지사라야만 거경성찰 단계에서 유혹의 낌새를 알아차려서[審幾] 그것의 침투를 미연에 차단할 수 있다. 그리하여 지력·기력·정감력의 삼대력을 배양하고 활용함으로써 언제나 '제 자리에 있으면서 스스로 세운 지향처를 향하여 지속적으로 나아가는' 참 선비로서의 삶을 살 수 있게 된다. 즉 청렴하지 않으면 절대 유능할 수 없고, 그러면 참 선비가 될 수 없다.

그 기운이 청수淸粹하므로 청렴한 지기지사가 되는 데 가장 큰 시사를 주는 것이 바로 조식의 만년 저작으로 알려진 「신명사도」이다. 마치 임금이 도성都城을 지키듯이 인욕[人心]이 침투해 들어오지 못하도록 물샐 틈 없이 방비하면 자연히 유혹에 강한 심성을 갖게 된다. 그리하여 도심道心을 확보함으로써 자아완성의 길로 매진할 수 있을 것이다.

정좌수련으로 집중력[의지력]을 배양하고 이에 더해 신체단련으로 기력 내지 야성을 배양함으로써 스스로를 보검화 내지 영체화靈體化하면 어떠한 유혹도 일도양단하는 청렴한 삶을 살 수 있다. 나아가 유능한 삶을 통하여 스스로 설정한 지향처에 도달하게 된다. 아울러 내가 살고 있는 시대가 왜 위기의 시대인지를 스스로 자각할 수 있을 것이다. 이런 청렴하고 유능한 사람들이 많이 배출될 때, 우리가 꿈꾸는 미래 비전vision인 '강하면서도 선한 문화국가'의 실현은 더 이상 꿈이 아닌 현실로 다가오게 되리라고 본다.

바로 한선원은 그 하드웨어와 소프트웨어를 최대한 활용하여 이곳을 방문하는 학습자에게 위기의식과 청렴의식을 제대로 심어줄 수 있어야 한다. 그리하여 '위기의식을 지닌 청렴하고 유능한 인간상'인 참 선비들을 가장 효율적으로 배출해 내는 요람지로서의 역할을 다해야 할 것이다.

2)「신명사도」의 정신을 제대로 학습하는 장으로 활용하자[72]

조식이 그려서 산천재에 걸어 두었던「신명사도」와 이것을 해설한「신명사명神明舍銘」은 참 선비 이념의 요체를 가장 잘 드러내고 있다. 이것이 주는 메시지는 이 시대에도 여전히 심중深重하다.

앞에서도 누누이 이「신명사도」의 중요성을 언급하였지만 여기서는 다시 한 번 종합적으로 이것에 대해서 고찰해 보기로 하겠다. 먼저「신명사도」를 제시해 보기로 하자.

(1) 주요한 용어의 소개와 풀이[73]

① 태일군太一君

② 천덕天德·왕도王道

③ 일·월日·月

④ 경敬·총재冢宰·성성惺惺

⑤ 국군사사직國君死社稷

72 「신명사도」에 대한 연구는 그 동안 많이 이루어졌지만 필자가 특별히 하나를 추천한다면, 그것은 금장태(2003), 85-119쪽의 '제3장 남명의 심(心) 개념과「신명사도」의 구조'라는 제목의 내용이다. 본 책자의 작성에도 일정부분 참고 하였음을 밝혀둔다.

73 여기서는 중요한 용어를 소개하는 것으로 그친다. 그 자세한 용어 풀이와 철학적 함의에 대해서는 '금장태(2003), 89-110쪽'을 참고하기 바람.

⑥ 귀鬼·몽夢 대 인人·각覺

⑦ 삼관三關

⑧ 승추承樞·충신忠信·수사修辭

⑨ 백규百揆·치찰致察

⑩ 대사구大司寇·극치克治

⑪ 대장기大壯旂[74]·심기審幾

⑫ 지止–필지必至

⑬ 지(至)–지지지지(知至至之)·지(止)–지종종지(知終終之)–불천(不遷)

「신명사도」 소개

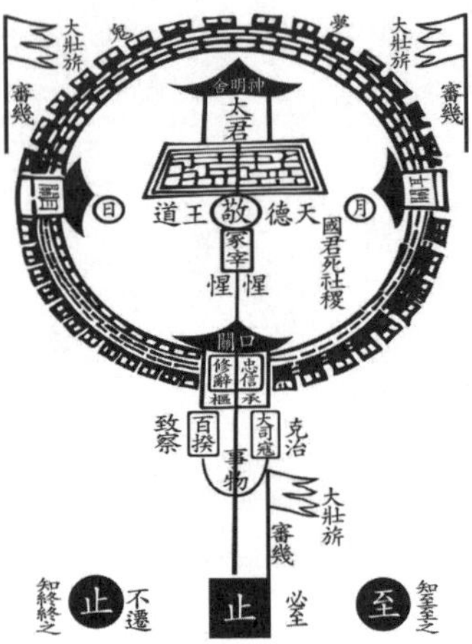

(2) 「신명사도」의 의미 소개

신명사神明舍란 정신의 집이고, 「신명사도神明舍圖」란 이 정신의 집을 그림으로 그린 후 그 의미를 해설한 것이다. 이는 '**제 자리에서 제 할 일 할 줄 아는 사람의 몸과 마음[心身]**'을 그림으로 그린 것이다.

제 자리에 있다고 함은 무엇을 가리키는가? 이성적理性的인 판단이 요구되는 일을 할 때 내 몸이 있는 '지금 여기'에 내 마음도 같이 있되 언제나 또랑또랑하게 깨어 있음이다. 제 할 일이란 무엇인가? 내 삶의 궁극적인 목표인 지향처志向處를 향해 나아가는 것과 관련이 있는 일이다.

제 자리에 있어야만 제 할 일 제대로 할 수 있다. 그러므로 제 자리

74 이기동 역해(1997), 17쪽에서 『주역』, 뇌천대장(雷天大壯)괘의 괘사(卦辭)를 "큰 발전을 도모할 수 있는 상황으로서 개혁추진력이 가장 왕성하다"로 소개하고 있다.

에 있는 것이 매우 중요하다. 제 자리에 있기 위해서는 어떻게 해야 하는가? 무엇보다도 우리의 감각기관 중 이·목·구耳目口를 잘 통제할 수 있어야 한다. 잘 보고, 듣고, 말해야 한다. 특히 잘 보는 것이 중요하다. 백문불여일견百聞不如一見이라고 했다. 잘 봄이란 무엇인가? 봐야 할 것을 보고 봐서는 안 될 것을 안 보는 것이다. 잘 볼 수 있어야 잘 듣고 잘 말할 수 있다. 모든 유혹은 이·목·구로부터 들어온다. 이 유혹을 막아 내자면 어떻게 해야 하는가? 이·목·구를 잘 통제하되, 유혹이 다가오면 알아차릴 수 있어야 한다[審幾]. 그래야만 언제나 제 자리에 있을 수 있다. 그러자면 어떤 힘이 필요하다. 그것이 무엇인가?

집중력[의지력]이다. 집중력[의지력] 배양에 있어서 가장 좋은 방법은 무엇인가? 정좌수련이요, 그 가운데서도 호흡명상이다. 조식은 이것을 '마음과 호흡이 서로 돌아본다'는 의미를 갖는 '심식상고心息相顧'로 표현하였다.[75]

「신명사도」는 집중력[의지력]이 충만한 내 심신을 그림으로 나타낸 것이다. 이 힘은 이제 제 할 일 제대로 할 수 있는 바탕이 된다.

(3) 왜 조식은 「신명사도」를 이렇게 그렸을까? 이 그림에서 드러나는 특색이 무엇인가?

이는 임금[國君]이 장수를 시켜서 도성都城을 지키는 그림이다. 무슨 의미인가? 내 심신心身을 지켜서 제 자리에 있기를 장수가 도성 지키듯이 하라. 도성을 제대로 지키지 못하고 외적의 침입을 허용하면 어떻게 되는가? 나라가 망한다. 그러면 임금은 치욕을 당하고 백성은 침략자의 노예로 전락한다. 따라서 임금은 죽음을 무릅쓰고 나라를 안전하

75 내암(來庵) 정인홍이 찬(撰)한 「남명선생행장(行狀)」에서 내암은 "敬以心息相顧"라고 하였다. '경은 호흡명상으로써 한다'는 의미이다. 호흡명상을 하면 집중력[의지력]이 배양되는데, 이것은 거경함양의 가장 중요한 방법임을 말하고 있는 것으로 여겨진다.

게 지켜야 한다[國君死社稷].[76]

이 그림이 주는 함의는 무엇인가? 여기서는 강한 위기의식危機意識이 느껴진다. 임금이 도성을 지키는 것이 중요하듯이, 개개인은 **제대로 제 자리에 있는 것**이 중요하다. 만약 이·목·구의 유혹을 막아내지 못하여 제 자리에 있지 못하면 개인은 죽고 만다. 왜냐하면 제 할 일 제대로 할 수 없기 때문이다. 따라서 제 자리에 있을 수 있느냐의 여부에 생사가 달렸다는 **강렬한 위기의식**으로 여기에 내 목숨을 걸어야 한다.

임금이 외적의 침입으로부터 도성을 지키려고 하는 가장 큰 이유는 무엇인가? 나라를 임금이 지향하는 이상적인 나라, 이덕행인以德行仁의 왕도정치王道政治가 실현되는 이상적인 나라, 바로 강하면서도 선한 문화국가로 만들기 위함이다. 개인이 제 자리에 있고자 하는 이유는 무엇인가? 제 할 일 하기 위해서이다. 각자 자기가 세운 지향처를 향해서 나아가기 위해서이다.

왜 이 그림이 둥글게 표현되었을까? 이는 하나의 바퀴를 가진 초헌軺軒이라는 수레를 연상케 한다. 초헌은 이것을 탄 사람이 가마꾼에게 자기가 가리키는 방향으로 나아가도록 하는 수레이다. 이처럼 제 자리에서 제 할 일 할 줄 아는 사람은 자기의 지향처로 향하여 부단不斷히 나아감으로써 지향처에 도달할 수 있다. 이런 사람은 성공하는 삶을 살 수 있다.

조식은 이 그림을 통해서 당시의 임금이 정말 강렬한 위기의식을 갖고 제 자리에서 제 할 일 할 수 있게 되기를 염원하였다. 또 문인들이

---

76 조식/경상대학교 남명학연구소(1995), 130쪽, 『예기(禮記)』, 「곡례(曲禮)」의 "임금은 사직에서 죽고 대부는 군(軍)에서 죽는다[國君死社稷 大夫死衆]"는 말에서 가져왔다.

이런 자세로 임금을 보필하고 각자의 삶의 목표를 지향할 수 있기를 염원하였다.

(4) 「신명사도」가 우리에게 주는 메시지는 무엇인가?

조식은 자기의 시대가 위기危機임을 끊임없이 강조하였다. 특히 왜구의 침입에 대비해야 한다고 하였다. 그의 문집에 소개된 「책문제策問題」에서 조식은 섬 오랑캐[日本]가 우리를 깔보고 무시하는 행태에 대해서 제대로 대처하지 못하고 유야무야有耶無耶의 미봉책彌縫策으로 일관하는 조정의 무기력을 질타한다. 그리고 기강의 해이함을 지적하면서 앞으로 국난國難은 불가피하다고 경고한다. 그러면서 앞으로 왜인이 침략해 오면 어떻게 막아낼 것인지 그 대책을 묻는다.[77] 그렇지만 당시 임금과 위정자들은 아무런 위기의식이 없이 마치 태평성대에 살고 있다는 착각에 빠져 있었다. 따라서 조식의 경고음警告音에 귀를 닫았다. 이에 조식은 문인들에게 위기의식을 불어넣고자 하였다. 그리하여 스승의 훈도를 받은 문인들은 임진왜란 때 크게 활약하여 국난극복에 기여하였다.

「신명사도」는 우리에게 다음과 같은 메시지를 주고 있다.

첫째, 국가 공동체의 미래 비전vision 실현에 기여할 내 삶의 목표[志向處]를 잘 정하라.

둘째, '내 자리에 있지 못하면 곧 죽고 만다'는 위기의식을 갖고 호흡명상에 의거하여 내 마음을 집중력[의지력]으로 가득 채워라.

셋째, 이·목·구를 잘 통제하라. 특히 봐서는 안 될 것을 보지 말고,

77 조식/경상대학교 남명학연구소(1995), 270쪽.

꼭 봐야 할 것을 놓치지 마라. 이후 잘 듣고 잘 말하라. 그리하여 내 심신을 잘 지켜서 어떤 유혹이나 잡념도 침투하지 못하게 하라.

넷째, 언제나 내 자리에 있으면서 내 할 일 할 줄 아는 삶을 살자! 그리하여 내 지향처를 향하여 부단히 앞으로 나아가자!

다섯째, 집중력[의지력]을 바탕으로 삼대력[지력·기력·정감력]을 잘 배양하고 활용함으로써 창의적 리더의 삶을 살 수 있도록 생활 계획을 잘 세워 실천하여 습관화시켜 나가자.

(5)「신명사도」의 활용 방안에 대한 제안提案

이것은 내면적인 본심本心을 잃어버리고 오직 외형적인 몸 일변도의 삶을 사는 대부분의 현대인들에게 본심의 회복을 통한 참다운 삶의 의미를 일깨워 줄 수 있는 처방전이 된다. 그러면서 이것은 몸의 중요성도 놓치지 않는다. 마음의 집인 몸이 건강하게 유지되어야 함을 강조한다. 몸과 마음, 이 둘의 어느 것도 바람직한 삶을 위해서 소홀히 해서는 안 된다는 것이다. 그러므로 이 처방전은 현대인의 심신을 강건하게 하는 데 대단히 유효하다. 이에 이것의 요지를 쉽게 풀이하여 현대인들, 특히 청소년들이 흥미 있게 접근할 수 있는 방안을 마련하는 것이 중요하다고 본다. 필자는 이것을 일종의 게임화, 만화화, 애니메이션화 할 것을 제안한다.

조식이「신명사도」,「신명사명」을 저술한 뒤에 이것의 중요성에 주목한 학자들은 그동안 이것을 일종의 소설화하는 일에 관심을 가져왔다. 그 효시가 바로 그의 제자였던 김우옹이 스승의 당부를 받아서 1566년에 지은 소설인『천군전天君傳』이었다. 이것은「신명사도」에 상응하여 마음을 지키는 일을 의인화한 소설이다. 이후 19세기 중반까지

이른바 천군소설天君小說 유형에 속하는 작품으로 총 7가지 작품이 등장하였다.[78]

그러나 한문 세대가 아닌 현대인들에게 이들 개념들은 여전히 생소하다. 현대인들의 감각에 맞게 이것을 일종의 게임화하는 일이 매우 중요하다고 본다. 나아가 만화화, 애니메이션화도 필요할 것이다. 우선 이곳에 들어온 학습자들이 「신명사도」의 메시지만 확실하게 인식할 수 있더라도 이후 그는 달라지기 시작할 것이다. 이때 게임에 참여하는 학습자, 특히 청소년들에게 흥미와 의미, 그리고 묘미를 함께 느낄 수 있도록 해 줄 수 있다면 매우 좋을 것이다. 아직 여기에 대한 구체적인 구상을 하지는 못했지만, 대략의 큰 틀은 다음과 같이 생각해 볼 수 있다.

첫째, 내가 국왕으로 있는 도성을 침투하는 외적을 방비하는 과정, 혹은 방비하지 못하여 외적이 침투함으로써 야기되는 상황을 염두에 둔다.

둘째, 외적에게 점령당하였을 때 이 도성에서 어떠한 참혹한 일들이 일어날 수 있는지를 자각할 수 있도록 하는 상황을 반영한다.

셋째, 외적의 침입을 지속적으로 막아 내어서 평화가 확보되었을 때, 이 나라에 일어날 수 있는 상황을 반영한다. 특히 어떻게 우리의 미래 비전이 실현될 수 있는지를 설명한다. 예컨대, 한국인 대다수는 진리적 삶을 통하여 진선미眞善美 삼위일체에 도달할 수 있을 것이다. 그러면 스스로는 물론이고 다른 나라 사람들을 행복하게 해 줄 고급문화를 끊임없이 창출하고 보급하는 삶을 영위할 수 있을 것이다. 이에

78 금장태(2003), 110-114쪽.

대한민국은 진정한 세계의 평화와 번영에 주도적으로 기여하는 위대한 문화국가가 될 수 있을 것이고, 나아가 우리의 미래 비전은 실현될 수 있을 것이다.

이러한 상황을 인식시키도록 게임을 이끌어 나간다. 그러자면 게임화 하는 과정에서 「신명사도」, 「신명사명」, 그리고 김우옹의 『천군전』에 대한 정밀한 분석과 재구성이 필요할 것이다. 이제 이러한 게임이 좀 더 효과적으로 이루어지도록 하자면 어떻게 해야 할까? 바로 게임의 효율적인 진행을 위해 「신명사도」를 본뜬 건물을 한선원 안에다 지어야 함을 강조하고자 한다. 이렇게 하면 시각적 효과뿐만 아니라 학습자가 직접 참여하여 경험함으로써 외부적인 유혹을 이겨내는 것의 중요성을 자각하게 할 수 있다. 나아가 국토수호의 중요성에 대한 인식도 부가적으로 심어 줄 수 있으리라고 본다.

실천적인 참 선비의 삶을 중시한 조식 사상의 본원지인 이곳에서 이루어지는 이러한 시도는 교육적으로 대단히 큰 의미를 갖게 될 것임을 강조하고자 한다.[79]

---

79 초대 한선원 원장으로 재임 중인 최구식 원장은 이러한 사업의 필요성을 절감하고, 한선원 안에 적당한 장소를 물색하여 필요한 시설을 갖추기 위한 개략적인 구상을 최근 피력한 바 있다. 앞으로 이 계획을 잘 추진하여 「신명사도」의 의도를 제대로 살림으로써, 이곳 한선원이 특히 청소년 인성교육에 커다란 효과를 낼 수 있는 명소(名所)로 자리매김하게 되기를 바라마지 않는다.

3) 환골탈태換骨奪胎를 가져올 알자리, 둥지가 되도록 하자

조식이 48세 때 그가 태어난 삼가 토동에 뇌룡정雷龍亭과 함께 지은 계부당鷄伏堂은 그 함의가 심중하다. 마치 '닭이 알 품듯이 하는 곳'이라는 의미이다. 어미 닭이 알을 품어서 3·7일이 지나면 병아리가 되는데, 이것을 줄탁동기啐啄同機라고 한다. 그리고 병아리가 껍질을 깨고 알에서 나오는 것을 일컬어서 환골탈태換骨奪胎라고 한다.

이 시대 인성교육의 목표는 학습자들 특히 청소년들의 심성을 바꾸는 데 있다. 그리하여 그들이 '창의적 리더'로서의 새 삶을 살도록 하는 데 있다. 이 창의적 리더는 '참 선비'와 동의어이다. 여기에 대해서는 앞에서 상론했으므로 재론하지 않겠다. 이처럼 내가 환골탈태하여 창의적 리더가 되는 과정은 조식의 언급을 염두에 둘 때, 세 단계로 구분된다. 그것은 여묘포서如猫捕鼠 단계, 여계포란如鷄抱卵 단계, 그리고 줄탁동기 곧 환골탈태의 단계이다.[80]

먼저, 여묘포서란 '고양이 쥐 잡듯이 하라'는 말이다. 고양이가 쥐를 잡을 때, 쥐구멍을 응시하고 있다가 쥐가 나타나면 전광석화電光石火처럼 신속 정확하게 낚아챈다. 절대로 실수하여 놓치는 법이 없다. 이것은 인성교육에서 무엇을 말하는가? 성공하는 삶이란 무엇이며, 이런 삶을 살면 어째서 좋은 인성을 지닐 수 있는지, 창의적 리더가 어떤 인간상이며, 어떻게 하면 창의적 리더가 될 수 있는지, 그리고 왜 내가 창

80 조식은 그의 '명(銘)'에서 여기에 대하여 "마치 용이 여의주를 키우려는 마음을 잊지 않듯이[如龍養珠心不忘], 마치 닭이 알을 품은 기운을 단절하지 않듯이[如鷄伏卵氣不絶], 마치 고양이가 쥐구멍을 노려보면서 정신을 팔지 않듯이[如猫守穴神不動]"라고 하였다. 여기에 대해서는 조식/남명학연구소(1995), 129쪽을 참고 바람.

의적 리더가 되어야 하는지를 정확하게 이론적으로 아는 것을 가리킨다. 거경함양과 거경성찰, 경과 의, 지기지사, 참 선비가 무엇인지를 제대로 알고, 안 것에 대해서 확신을 갖는 단계이다. 선지先知·후행後行 가운데서는 선지先知에 해당된다.

다음으로, 여계포란이란 '닭 알 품듯이 하라'는 말이다. 위의 여묘포서 단계에서 제대로 안 것을 실천에 옮기는 노력을 말한다. 주경행의 하는 것, 달리 말하면 거경함양 단계에서 정좌수련으로 집중력[의지력]을 배양하고, 이어서 거경성찰 단계에서 행의를 하는 것이 모두 여기에 해당한다. 그리하여 지속적으로 인욕의 침투를 막아 내어서 도심道心을 확보하고자 노력하는 것이다. 이는 앞의 선지를 바탕으로 한 후행後行에 해당된다.

끝으로 줄탁동기에서 드디어 병아리와 어미 닭의 '부리로 껍질 쪼기'가 서로 '지금 여기의 적시적소適時適所 혹은 동시동소同時同所'에서 만나서 환골탈태가 일어난다. 병아리 알 깨고 나오듯이 새 생명이 탄생하는 것이다. 이것은 여묘포서·여계포란 곧 선지·후행의 결실로서, 도심계열의 심성인 본연지성本然之性-사단四端-도심이 확보됨이다. 따라서 이곳 한선원은 줄탁동기의 환골탈태를 가져오기 위해서 어미 닭이 알을 품는 알자리, 둥지가 되어야 할 것이다.

어미 닭은 당연히 인성교육을 책임진 교사를 가리킨다. 병아리는 다양한 학습자들이다. 중요한 것은 새 생명 탄생에서 병아리의 부리질[啐]이 어미 닭의 부리질[啄]보다 먼저라는 사실이다. 이곳에서의 교육은 학습자가 스스로 바뀌고자 하는 의지를 갖고 노력하도록 유도하는 그런 교육이 되어야 할 것임을 함의한다. 그러자면 인성교육을 책임질 어미 닭, 곧 유능한 교사의 확보가 대단히 중요하다.

여기서 필자는 이곳 한선원의 가장 표준화된 교육과정으로서 병아리 알 깨고 나오기의 줄탁동기를 본떠서 3·7일 곧 3주간의 교육과정을 제안하고자 한다. 이 3주 곧 21일 동안에 스스로 새로운 인성을 갖춘 새 사람이 될 수 있도록 각 단계별, 수준별로 표준화된 교육과정을 마련하는 일이 중요하다. 그리하여 이 과정을 제대로 거치면 스스로가 달라졌다고 느끼고 주변의 부모나 형제들이 '확실하게 달라졌다'고 인정할 정도가 되도록 해 줄 수 있어야 할 것이다.

자 이렇게 하자면 어떻게 해야 하는가? 세부적인 교육과정은 차후의 과제로 미루고 여기서는 핵심적인 몇 가지 항목만 제시하고자 한다.

4) 인성교육의 3대 요소를 시행하는 장이 되도록 하자

인성교육이란 무엇인가? 참다운 성공의 길을 가다가 보면 저절로 좋은 인성을 갖출 수 있음을 알고, 그 성공하는 삶의 길을 통해서 각자 '창의적 리더'가 되도록 교육하는 것이다. 이에 인성교육을 '시작과 마침'으로 정리해 보고자 한다.

인성교육의 시작[始]이란 무엇인가? 그것은 학습자로 하여금 가슴 속에 한 가닥 실현 가능한 꿈, 푸른 꿈을 품도록 하는 것이다. 그렇다면 인성교육의 마침[終]은 무엇인가? 학습자로 하여금 언제나 '제 자리에 있으면서 제 할 일 할 수 있도록 하는 것'이다. 이것의 중요성은 앞에서도 강조한 바 있다.

왜 이것이 인성교육의 시작이요 마침인가? 이것은 인간에 대한 후대의 평가와 관련이 있다. 인간으로 태어난 이상 후대의 평가는 불가피하다. 그래서 성공하는 삶을 영위함으로써 나중[死後]에 후대로부터 긍정적인 평가를 받는 것이 바람직스럽다. 그렇다면 어떤 사람이 성공하는 삶을 살았느냐 아니면 실패한 인생이었느냐를 평가하는 기준이 무엇일까? 동서고금을 막론하고 그 기준은 동일하다. 평가 기준은 두 가지로 요약된다.

하나는 그 사람이 생전에 무슨 일을 하려고 했느냐 하는 것이요, 다른 하나는 그 사람이 실지로 그 일을 했느냐의 여부이다. 다만 분명한 것은 그 사람이 생전에 어느 정도로 높은 지위에 올랐느냐? 얼마나 많은 돈을 벌었느냐와 같은 세속적인 기준에 의해서 (일시적인 평가가 아닌) 최종적인 평가가 내려지지는 않는다는 사실이다.

어떤 사람에게 '하고자 하는 어떤 일'이 분명히 있었고 그가 실지로 그 일을 달성하였다면, 그 사람은 후대에 의해서 성공하는 삶을 살았다는 평가를 받을 수밖에 없다. 하고자 하는 어떤 일을 정립하는 것, 이것은 곧 가슴속에 한 가닥 푸른 꿈을 품는 것이다. 그리고 그 일을 실지로 이루자면 '제 자리에서 제 할 일 할 줄 아는 삶'을 살아야 한다. 인성교육이란 이처럼 그 시작과 마침에 의해서 성공하는 인생을 살다가 보면 저절로 「인성교육진흥법」에서 강조한 8대 덕목[81]을 비롯한 좋은 덕성 곧 인성이 갖추어질 수 있도록 하는 것을 말한다. 좋은 인성을 갖추어야만 성공하는 것이 아니라, 성공하는 삶을 제대로 살다가 보면 저절로 좋은 인성을 갖출 수 있도록 인성교육 프로그램을 구안構案·설계하고 추진하는 것이 인성교육에서 대단히 중요하다고 하겠다.

81 2015년 7월 21일부터 발효되기 시작한 「인성교육진흥법」 제2조 2항에 따르면 "핵심 가치·덕목"이란 인성교육의 목표가 되는 것으로 예(禮), 효(孝), 정직, 책임, 존중, 배려, 소통, 협동 등의 마음가짐이나 사람됨과 관련되는 핵심적인 가치 또는 덕목을 말한다.

아무리 좋은 인성을 갖추어도 성공하는 삶을 사는 데 아무런 도움이 되지 못한다면 누가 좋은 인성을 갖추려고 할 것인가? 좋은 인성이 무슨 의미가 있겠는가? 이제 참으로 성공하는 삶을 살기 위해서 갖추어야 할 인성교육의 3대 요소로서 필자는 '지향처志向處 세우기 교육, 명상瞑想 교육, 습관화習慣化 교육'을 제시하고자 한다.

(1) 지향처志向處 세우기 교육이란 무엇인가?

이것은 기존의 유교적 선비의 입지立志 교육에 해당한다. 그러나 참선비란 창의적 리더임을 감안하여 창의성과 리더십을 갖춘 리더가 될 수 있도록 제대로 된 지향처를 세울 필요가 있다. 제대로 된 지향처는 앞에서도 언급하였듯이 시대성, 공공성, 전문성, 과업지향성의 네 가지 조건 내지 요소를 갖추어야 한다. 이제 이러한 요소들이 갖는 의미에 대해서 살펴보기로 하자.

첫째, 시대성時代性의 조건이다. 내가 세운 지향처는 내가 살고 있는 이 시대, 한국 사회가 안고 있는 문제 내지 과제를 해결하는 데 도움이 되는 그런 것이어야 한다. 그렇다면 그것이 무엇인가? 예컨대, 이 시대 한국 사회는 자유민주주의 체제에 의거하여 남북을 평화적으로 통일해야 할 과제를 지니고 있다. 학교 폭력의 만연으로 인하여 왕따 문제가 심각하고 나아가 청소년 자살률이 OECD 국가 평균보다 훨씬 높은 상황에 직면하고 있다. 소득격차의 심화로 중산층이 실종되고 이에 따라 사회 구성원들의 불만의 목소리가 매우 높다. 지역 간 갈등, 세대 간 갈등이 여전히 해소되지 않고 도리어 갈수록 더 커지고 있다. 하나만 더 든다면, 낮은 식량자급률에도 불구하고 농지가 심각하게 잠식당하지만 여기에 대하여 제대로 주목하여 해결책을 모색하려는 고민이 보이지 않는다. 이외에도 해결해야 할 문제와 과제가 많다. 이러한 것들은 내가 지향처를 세울 때 고려해야 할 대상들이다.

둘째, 공공성公共性의 조건이다. 내가 세운 지향처가 공동체의 이익, 공공선公共善에 배치되어서는 안 된다. 그것이 나 혼자 혹은 나를 포함한 특정한 소수만을 위한 것이어서는 안 된다. 예컨대, 내가 한국 제일의 갑부가 되겠다는 지향처를 세운다면, 자칫 공공선을 무시하기 쉽다. 내가 출세하여 고관대작高官大爵이 되어서 한미한 우리 가문을 빛내겠다는 지향처도 마찬가지로 공공성의 조건을 어길 여지가 많다. 그러나 국방력을 튼튼히 하여 여하한 외부의 침략도 물리칠 수 있는 강한 나라를 이루는 데 기여하겠다고 한다면 이 조건에 부합된다고 하겠다.

셋째, 전문성專門性의 조건이다. 내가 세운 지향처는 내가 전공 공부를 통하여 배양할 전문성을 고려한 것이어야 한다는 것이다. 특히 대학생들은 대학에 들어올 때 스스로 전공과專攻科를 선택하였다. 그러므로 그 지향처 역시 자기가 소속된 과에서 배울 전문 지식과 연관성을 지녀야 할 것이다. 이 조건을 충족하는 지향처와 그렇지 못한 지향처의 예를 들어 보자.

예컨대, 나는 앞으로 물을 에너지로 삼아서 달릴 수 있는 자동차를 개발하겠다는 지향처를 세웠다고 하자. 그런데, 나의 전공과가 중어중문학과라고 하면 무언가 이상하다. 바로 전문성의 조건에 어긋나기 때문이다. 이런 경우는 전공과를 바꾸거나 아니면 지향처 자체를 자기의 전문성이 활용될 수 있는 것으로 바꾸어야 할 것이다. 각종 암을 극복할 수 있는 치료법[약]을 개발하겠다는 목표를 설정한 사람이 의과대학[약학대학]에서 의학[약학]을 전공하고 있다면 그는 이 조건에 맞는 지향처를 세웠다고 할 수 있다.

만약 고교 시절에 이 조건을 고려하고 지향처를 세웠다면 이 학생이 대학에서 과를 선택하는 것은 매우 용이하다. 아울러 매우 의미 있는 대학 생활을 영위할 수 있을 것이다. 따라서 이 조건은 진로지도 교육과 연관시켜 볼 때도 매우 중요하다고 하겠다.

마지막으로 네 번째는 과업지향성課業志向性의 조건이다. 쉽게 말한다면 일 중심주의이다. 지향처는 반드시 '어떤 일을 하겠다'는 식으로 세워야 한다는 것이다. 이와 반대되는 말이 지위지향성地位志向性이다. 이것은 지향처를 어떤 지위를 획득하는 데 두는 것을 말한다. 흔히 이렇게 하기 쉽다. 그러나 따지고 보면 지위란 어떤 일을 하기 위한 부차적이고 수단적인 의미를 갖는다. 지위 자체가 궁극적인 목표일 수 없다.

만약 지위지향적인 목표를 설정하고 제시한다면 다시 물어야 한다. "그래, 그 지위를 얻어서 무엇을 하려고 하는가?" "대통령이 되어서 무엇을 하려고 하는가?" 만약 어떤 일을 하려고 한다고 답한다면 그 하려고 하는 일이 최종 목표이지 대통령 되는 것이 최종 목표일 수 없고, 다만 그 일을 제대로 하기 위해서 대통령이란 지위가 필요할 뿐임을 알도록 해야 한다. 만약 어떤 지위를 획득하는 것을 궁극적인 목표로 삼게 되면, 그 지위를 얻고 난 뒤에는 할 일이 없어져 버려서 결국 아무런 성취를 이룰 수 없게 되고 만다. 이런 사람이 대통령이 된다면 '실패한 대통령'이 될 것이 뻔하다. 그리하여 나라를 퇴보시키고 국민을 불행하게 만들 것이다.

'무엇을 할 것이냐'와 '무엇이 될 것이냐' 가운데 전자는 과업지향적인 물음이라면, 후자는 지위지향적인 물음이다. 당연히 무엇을 할 것이냐가 중요하다. 다만 무엇이 된다는 것은 무엇을 하겠다는 전제하에서만 부차적이고 수단적인 의미를 가질 뿐이다.

여기서 스스로 제대로 된 지향처를 세우는 데 참고가 될 만한 몇 가지 사례로서, 바람직한 지향처와 바람직스럽지 못한 지향처를 예시하고자 한다.

바람직한 지향처의 사례

• 앞으로 사설 교도소를 설립하여 운영함으로써 교도행정의 이상적인 모델을 제시하겠다. 이는 현재의 한국 교도소가 본연의 역할을 제대로 하지 못함으로써 범법자가 교도소 생활을 통해서 개과천선改過遷善하여 바른 사람이 되는 것이 아니라 도리어 진짜 나쁜 사람으로 변신하는 경우가 많은 현실을 염두에 둔 목표이다. 실제로는 한국의 교도소가 '교정矯正하여 바르게 인도한다'는 그런 교도소矯導所가 아니라 도리어 '교활한 도둑놈 소굴과 같은 교도소狡盜所'인 경우가 많다는 것이다. 현직 교도관으로 방송통신대학 법학과에 다니는 사람의 목표였다.

• 우리나라의 이상적인 미래상을 '강하면서도 선한 나라'로 정하고, 이러한 나라를 이루기 위한 이론체계를 제시하겠다. 이 미래상은 자유민주주의에 의한 평화로운 남북통일, 정신과 물질이 풍요로운 선진국가, 행복지수가 높은 국가와 그대로 상통한다. 인류의 행복과 번영, 그리고 평화를 이루는 데에 하나의 표본적인 모델이 되는 나라를 제시하되, 이것이 이미 우리의 선조에 의해서 오랜 옛날에 달성된 적이 있음을 명확히 알림으로써 우리 민족철학의 현실적인 효용성을 제고하고 한류열풍韓流熱風을 올바른 방향으로 확산하는 데 기여하겠다. 한국철학을 전공하는 필자의 목표이기도 하다.

바람직스럽지 못한 지향처의 사례

• 현모양처賢母良妻가 되겠다. 대학생 가운데 흔히 여학생들이 이런 지향처를 제시한다. 왜 이 지향처가 바람직스럽지 못한가? 여기에는 무엇보다도 전문성의 조건이 결여되어 있기 때문이다. 대학에 현모양처과 내지 전공이 있다면 모르겠거니와 그렇지 않은 이상, 이는 대학생의 지향처가 되기에는 무언가 부족하고 따라서 재고의 여지가 많다.

• 사무관이 되겠다. 현재 시골의 면사무소에 근무하는 8급 공무원이 갖고 있는 지향처이다. 왜 바람직스럽지 못한가? 만약 학생이 그 공무원이라면 어떠한 지향처를 세우겠는가?

인성교육 담당 교사는 잘된 지향처, 잘 못된 지향처의 사례를 들어서 학습자가 제대로 지향처를 세울 수 있도록 돕는다. 아울러 〈지향처의 제시〉, 〈지향처 설정의 이유 제시〉, 〈지향처 달성의 방법 제시〉를 내용으로 하는 리포트를 작성하여 발표하도록 함으로써 스스로의 지향처를 점검하고 수정할 수 있는 기회를 부여한다. 이 교육을 통해서 학습자는 가슴 속에 한 가닥 푸른 꿈을 품게 된다. 삶의 궁극적인 목표인 '하고자 하는 어떤 일, 곧 지향처'를 분명히 정립하게 되는 것이다.

(2) 명상瞑想 교육이란 무엇인가?

바로 정좌수련의 정좌의靜坐儀 가운데 제대로 된 조식調息 곧 호흡명상呼吸瞑想을 하도록 하는 교육을 말한다. 거경함양 단계에서 정좌수련의 조식을 통하여 집중력[의지력]을 배양하도록 지도한다. 특히 조식曺植이 강조한 '심식상고心息相顧'로서의 호흡명상이 중요하므로 이것이 제대로 이루어질 수 있도록 지도한다. 이처럼 지향처 세우기 교육+명상

교육에 의거하여 학습자는 청수淸粹한 기운을 지닌 지기지사志氣之士가 되어서 어떤 유혹도 물리칠 수 있는 청렴의식을 확보할 수 있게 된다. 여기서 좀 더 구체적으로 호흡명상법을 소개해 보기로 하자.

① 명상瞑想이란 무엇인가? 망상妄想이란 무엇인가?

- 명상瞑想이란 내가 '지금여기now & here'를 알아차리는 것이다.
- 망상妄想이란 내가 '지금여기'외의 것을 알아차리는 것이다.
  상념想念에 젖는 것이야말로 망상의 대표적인 사례이다.
- 우리 몸이 하는 행위 가운데 '지금여기'를 가장 잘 알려주는 것은?
  호흡呼吸이다. 호흡은 언제나 '지금여기'에서 일어난다.
  그래서 호흡을 일컬어 **본질적으로 갖추어진 완전무결한 작용**이라고 한다.

② 호흡명상, 어떻게 하는가?

- 허리를 꼿꼿하게 세워서 앉는다. 머리는 약간 숙여서 눈길을 아래로 향하게 한다.
- 양손을 모아서 하단전下丹田에 둔다.
- 입은 다물고 코로 호흡을 하되, 가늘고 고르고 깊고 길게 호흡하는 세균심장細均深長의 단전丹田호흡을 한다.
- 호흡에 맞추어 수를 헤아리는 수식관數息觀을 한다.

③ 제대로 하면 몸에 어떤 반응이 나타나는가?

- 입에 침이 고인다

④ 이 침을 삼키면?

- 이것이 내면에 들어가서 활력소活力素 곧 집중력[의지력]이 된다. [活=氵[水]+舌][82]

⑤ 집중력[의지력]이 배양되면 어떤 다른 효과가 부수적으로 나타나는가?

- 총명聰明해진다.
- 나도 모르게 화기和氣가 넘쳐서 대인對人관계가 좋아진다.
- 마음의 면역성[回復彈力性]이 강화된다. 대상경계에 걸리지 않고 상처받지 않는다.
- 몸의 면역성 역시 강화된다.
- 소식小食하게 된다.
- 매사를 세심하게 챙긴 뒤에 대담하게 밀고 나간다. 그리하여 성공시킨다.[83]

(3) 습관화習慣化 교육이란 무엇인가?

내가 세운 지향처를 향하여 나아가는 데 필요한 여러 가지 힘들을 배양하고 활용하기 위한 생활 계획표 내지 일과표를 잘 짜서 습관화

82 활(活)은 물 수(水)와 혀 설(舌)로 구성된다. 혀가 물에 젖은 상태가 활이다. 이는 호흡명상, 내지 정좌수련으로 입안에 분비된 침에 의해서 혀가 젖어 있는 상태이다. 따라서 이때의 침이 곧 활력소(活力素)이며, 이것을 삼키면 그대로 집중력[의지력]이 되는 것이다.

83 이런 인간상을 대담소간형(大膽小肝型)이라고 한다. 이와 대비되는 인간상이 대간소담형(大肝小膽型)이다. 간 큰 짓을 한다는 말이 있듯이 무모하기 그지없다. 대신 담이 작기에 뒷감당을 못한다. 따라서 하는 일마다 실패할 수밖에 없다. 여기 대해서는 손병욱(2019①), 94-109쪽을 참고하기 바람.

하도록 교육하는 것을 말한다. 여기에는 정좌수련에 의한 호흡명상으로 집중력[의지력]을 충분히 배양한 뒤, 이 힘을 활용하여 지력·기력·정감력의 삼대력三大力을 배양하고 활용함으로써 나날의 삶이 내 지향처를 향해서 나아가는 삶이 되도록 하기 위한 권계勸戒는 물론이고 '무엇을 하지 않기'와 같은 금계禁戒도 염두에 두도록 해야 할 것이다. 예컨대, 일기 쓰기, 정좌수련과 같은 권계를 습관화하자면 불음주계, 과식하지 않기 등 금계의 습관화도 함께 요청된다. 습관이 인생을 결정한다. 좋은 습관을 형성하면 성공하는 사람, 위대한 인물이 될 수 있다.

권계와 금계를 수지守持하여 습관화 시켰을 때 거두게 될 효과는 무엇일까? 여기에 대해서 조선조 후기의 실학자였던 혜강 최한기惠岡 崔漢綺: 1803~1877는 『추측록推測錄』에서 이렇게 말하였다. 즉, "계율을 수지하여 몸을 닦고 언행을 삼가는 공부가 내면에 쌓이면 밖으로 얼굴에 드러나게 되므로, 자연히 가히 두려워할만한 위엄과 자태[威儀]를 갖추게 된다."[84] 조식이 지녔던 벽립천인·태산교악의 기상이야말로 바로 이러한 자기 절제를 통한 계율수지의 노력이 거둔 좋은 습관의 결실이라고 하겠다.

습관화 교육을 위해서, 하루를 아침, 오전, 오후, 저녁으로 4등분한 창의적 리더의 표준 일과표 모델을 제시한다. 다시 이것을 평일용, 주말용, 방학용으로 구분하여 제시할 필요가 있다. 이것을 참고로 하여 학습자 각자의 상황을 반영한 일과표를 짜도록 한다. 이것은 스스로 생각하는 가장 이상적理想的인 일과표가 되어야 할 것이다.

여기에는 **정좌수련을 통한 집중력[의지력] 기르기, 신체단련을 통한 기력**

84 최한기(2002③), 추동측정(推動測靜), 위의(威儀)조, 152-153쪽, "戒愼修飭之功, 積累於內, 則發外之容色, 自有可畏之威, 可像之儀."

[야성] 기르기, 독서궁리에 의한 지력[지성] 기르기, 남과의 어울림 혹은 음악 교육을 통한 정감력[감성] 기르기, 그리고 일기 쓰기, 예습·복습하기가 기본적으로 포함되어야 할 것이다. 그래야만 이러한 힘을 배양하고 활용하는 삶, 곧 어두운 곳을 밝히고 막힌 곳을 뚫어서 조직 공동체 구성원 모두와 함께 자기가 세운 지향처를 향하여 부단히 나아가는 참 선비, 곧 창의적 리더의 삶을 살 수 있을 것이기 때문이다.

이렇게 이상적인 일과표를 짠 뒤에 이것을 실제로 실천하기 위한 습관화의 원칙은 가깝고 쉬운 것을 먼저하고 멀고 어려운 것을 나중에 하는 데 있다. 이때 삼칠三七의 법칙을 활용한다. 이것은 무슨 일이건 그것을 삼칠21일 동안만 지속적으로 실천하면 저절로 습관화 되는 원리를 활용한 법칙이다. 이처럼 21일 동안 실천하는 데에도 대략 5단계를 거치는데, 그것은 '3→7→10→15→21'일이 될 것이다.[85] 이 가운데 첫 3일의 실천이 가장 중요하다. 작심삼일作心三日로 그치느냐 아니면 더 앞으로 나아갈 수 있느냐가 이 첫 3일에서 결정된다. 이때 정좌수련을 병행하면 의지력이 배양되어서 습관화에 큰 도움을 받을 수 있다.

이제 스스로 설계한 자신의 가장 이상적인 일과표대로 생활할 수 있는 시점을 6개월 내지 1년 뒤로 잡은 뒤에, 가깝고 쉬운 것부터 하나씩 습관화해 나가면 저절로 자신감自信感이 생겨서 평소 엄두도 못 내던 일도 습관화가 가능할 것이다. 자신감은 스스로와의 약속을 지키는 데서 생겨나는 감정이다. 내가 나를 믿는 자신감을 바탕으로 하여 남들도 나를 믿게 되고, 이에 나에게 일을 맡기게 된다. 이것을 『논어』에

85 이처럼 삼칠수 곧 21수는 우리 민족에게 대변화수, 변화의 완성수, 환골탈태수로 간주되어 왔다. 단군신화에서 곰이 웅녀가 되는 데에도 이 삼칠의 법칙이 적용되었고 이외에도 동학의 3·7자 주문, 3·7일 기도 등에서 두루 나타나고 있다.

서는 "신뢰가 있으면 남이 나에게 일을 맡길 것이다[信則人任焉]"라고 하였다.[86]

(4) 인성교육의 3대 요소를 고려하여 작성한 리포트 소개하기

여기서는 성공하는 삶을 위한 인성교육, 인성교육을 구성하는 3대 요소를 염두에 두고 작성한 리포트 가운데 셋을 소개해서 앞으로 각자의 리포트 작성에 도움을 주고자 한다.

첫째, 필자 자신의 지향처이다. 무엇보다도 교육자가 학습자 앞에서 자기의 지향처를 발표할 수 있어야 함을 강조하기 위해서 필자의 지향처를 먼저 소개하고자 한다.

둘째, 필자가 몸담았던 경상국립대학교에서 10명 이내의 재학생필자의 경우, 사범대 윤리교육과 학생을 대상으로 매 학기 실시하는 학생면담 과목인 꿈·미래·개척0.5학점 시간에 학생들이 필자의 지도를 받아서 제출한 리포트 중 하나를 골랐다.

셋째, 경상국립대학교 교양과목으로 매 학기 개설되는 GNU인성 수업시간에 학생들로부터 받은 리포트 가운데 하나를 골랐다.

필자는 이 리포트 작성과 관련하여 다음과 같은 점에 주목하도록 요청하였다.

바람직한 지향처의 4가지 조건인 시대성, 공공성, 전문성, 과업지향성의 조건을 염두에 두고 〈지향처 제시하기what〉, 〈지향처 설정의 이유 제시하기why〉, 〈지향처 달성의 방법 제시하기how〉를 작성할 것.

86 『논어』「양화편(陽貨篇)」. "…공손하면 남에게 모욕당하지 않고, 관대하면 사람을 얻을 수 있고, 신뢰가 있으면 남이 나에게 일을 맡기고, 민첩하면 공을 세우고, 은혜를 베풀면 남을 부릴 수 있다.[…恭則不侮, 寬則得衆, 信則人任焉, 敏則有功, 惠則足以使人.]"

이후 이 지향처를 향해 나아가기 위해서 습관화하고자 하는 〈가장 이상적인 일과표평일 일과표〉를 제시할 것. 그리고 이 일과표대로 생활하게 될 미래의 시점을 약 6개월 후나 1년 뒤쯤으로 정하고 그 사이에 습관화해 나가기 위한 방안을 제시할 것.

무엇을 하겠다[勸戒] 혹은 무엇을 하지 않겠다[禁戒]는 계율을 제시하되, 반드시 호흡명상하기, 일기 쓰기, 운동하기, 독서하기, 예습·복습하기, 남과 어울리기가 포함되도록 할 것.

아울러 가장 가깝고 쉬운 것부터 3·7의 법칙에 의해 습관화해 나간다고 할 때, 이미 습관화된 것, 현재 습관화를 시도하고 있는 것, 앞으로 시도할 것의 순서에 대한 자기의 생각을 제시하기 바람.

분량은 A4 용지 2–3매 정도로 하되, 10분 정도 발표할 수 있도록 할 것. '생각은 깊게 하되 표현은 쉽게 하는' 심입천출深入淺出의 정신에 입각하여 작성할 것.[87]

이 발표를 자기와 지향처가 같은 동지同志를 만나는 기회로 활용하도록 할 것. 가슴에 품은 이상이 같은 사람이 진정한 동지이고, 동지는 많으면 많을수록 좋다. 추구할만한 가치가 큰 지향처일수록 많은 동지를 필요로 한다. 어쨌건 동지의 존재는 살아가는데 있어서 매우 중요하다. 동지들이 뭉쳐서 발휘하는 힘은 실로 어마어마하다. 혼자서는 꿈도 못 꾸었던 일도 동지 10명만 뜻을 모으면 '새로운 나라의 건국'도 가능할 정도이다. 이처럼 동지를 구하기 위해서도 자기의 지향처를 가급적 널리 알리고 남의 지향처가 무엇인지 물어볼 필요가 있을 것이다.

---

87 '정민의 『세설신어』–73, 심입천출(深入淺出)'에 따르면, 이 말은 성호 이익(星湖李瀷: 1681~1763)의 문인이었던 공서파(攻西派)의 안정복(安鼎福: 1712~1791)이 신서파(信西派)의 권철신(權哲身: 1736~1801)에게 보낸 서신에 들어 있었다고 한다.

이른바 열린 의식, 남과의 소통성이야 말로 동지를 구하는 가장 기본적인 태도라고 하겠다.

① 필자의 지향처

〈지향처의 제시〉

한국의 미래 비전vision인 '강强하면서도 선善한 문화국가文化國家의 실현'을 뒷받침할 이론理論을 제시하고자 한다.

〈지향처 설정의 이유 제시〉

한국철학 내지 한국윤리사상을 전공하는 필자로서는 한국의 미래 비전이 무엇이어야 하느냐에 대해서 오랫동안 관심을 가지고 탐구하였다. 그러다가 『삼국유사』의 고조선 조에 나오는 '환웅桓雄의 하강下降'과 이상세계理想世界의 실현에 대해서 관심을 갖게 되었다.

거기서 우리 한국인들이 꿈꾸어 왔던 이상향理想鄕의 모델을 발견하고 환호작약歡呼雀躍하였다. 그것이 곧 주곡主穀·주명主命·주병主病·주형主刑·주선악主善惡의 오사五事를 실현함으로써 지상 세계를 천상화天上化하는 것이었고, 이를 필자는 '강하면서도 선한 문화국가의 실현'이라고 표현하였다. 그리고 이것이 공자가 꿈꾼 나라와도 맥을 같이함을 발견하였다.

환웅 이후 이런 나라를 실현하는 것은 우리 민족의 비원悲願이 되어 왔고, 우리 민족사에서 각 시대마다 이를 위한 다양한 시도를 해 왔다. 그리고 이 이상향은 이 시대에도 여전히 한국의 미래 비전이자 달성하지 않으면 안 될 과제課題로서 우리에게 짐 지워져 있다고 본다.

〈지향처 달성의 방법 제시〉

이러한 이상향을 달성하기 위해서는 무수히 많은 창의적 리더가 필요하다. 그는 창의성과 리더십을 갖춘 인물이다.

그래서 어두운 곳을 밝히고 막힌 곳을 뚫어서 조직 공동체 구성원 모두와 함께 강하면서도 선한 문화국가를 실현하기 위해서 부단히 앞으로 나아갈 수 있는 인간상이다. 그는 그 기운氣運이 청수淸粹하고 충실充實하다. 따라서 그는 청렴淸廉하고 유능有能하다.

그렇다면 한국의 미래 비전 실현에 발 벗고 나설 창의적 리더를 어떻게 배양해 낼 것인가?

필자는 그 비결이 바로 **인성교육**에 있다고 본다. 필자가 인성교육에 각별한 관심을 갖는 이유가 바로 여기에 있다. 즉, 제대로 된 인성교육에 의거하여 무수히 많은 창의적 리더를 배양함으로써 이들이 이 사회 도처에서 이 이상향과 연계된 자기 지향처를 향하여 나아가는 삶을 살도록 하자는 것이다. 이렇게 함으로써 개인도 성공하고 한국의 미래 비전 달성에도 기여하도록 하고자 하는 것이다. 이는 개인의 개성을 살림으로써 공동체의 목표달성에 기여하는 일종의 활사개공活私開公이라고 할 수 있다. 여기에 대해서는 뒤에서 다시 언급할 것이다.

앞으로 기회가 되면 **'성공하는 길을 통한 청소년 인성교육 방안'**이라는 단행본을 내어 볼 생각이다.

평일 일과표-1[88]

구분	시간대	할 일	비고
아침 시간	06시~ 09시(3시간)	일기 쓰기(전날 일기): 1시간 이내	집중력[의지력]+지력 활용
		아침 참구명상: 1시간	집중력[의지력] 배양
		발지압: 30분	대장의 각종 질병 예방
		도립–체조–연격[검도]: 20분	기력 배양
		독서 및 아침식사[선식]: 40분	지력 배양
오전 시간	09시~13시 (4시간)	독서 및 저술 활동: 3시간	지력 배양 및 활용
		점심식사 및 휴식: 1시간	정감력 배양도 가능함
오후 시간	13시~20시 (7시간)	휴식[오수]+인터넷+유튜브 시청 등: 3시간	정감력+지력 배양
		오후 참구명상: 1시간	집중력[의지력]배양
		독서 및 저술활동: 2시간	지력 배양 및 활용
저녁 시간	20시~ 22시(2시간)	저녁산보+취침 전 참구명상: 2시간	기력+집중력[의지력]배양
		22시이후 저녁식사, 취침	

• 해설 평일 일과표에서 필자가 가장 중점을 두고 있는 것은 총 7개의 계율[勸戒]기둥이다. 그것은 아침시간 4개, 오후시간 1개, 그리고 저녁시간 2개이다. 아침시간에 세우는 계율의 기둥은 일기쓰기, 아침 참구명상, 발지압, 도립–체조–연격[검도]의 넷이다. 오전에는 별 다른 것이 없지만, 만약 아침일과를 오전 9시 이전에 제대로 못한 경우는 오전시간오후 1시 이전까지 연장해서 하고 있다. 이처럼 오전까지 연장해서라도 아침시간에 해야 할 계율을 수지守持할 수 있는 것은 아침식사로 선식仙食을 하기 때문이다. 즉, 소식 덕분에 오전에도 식곤증 없이 활동이 가능한 것이다. 오후시간에 세우는 계율의 기둥은 한 개인데, 그것은 곧 오후 참구명상이다. 그리고 저녁시간에 세우는 계율의 기둥 둘은 저녁산보와 취침 전 참구명상이다.

88 정년을 맞이한 필자의 경우, 지금 제시하는 일과표는 평소 집에 있을 때 실천하는 일과표이다. 특별한 사정이 없는 한 거의 이 일과표에 의거하여 생활하는데, 필자는 이 일과표를 습관화하는데 2년 이상의 시간이 소요되었다.

필자는 이들을 이미 모두 습관화 시켰다. 특별한 사정이 없는 한 지속적으로 하고 있으며, 그 실행여부를 일기에 기록하고 있다. 그리고 이 7개의 기둥 사이에 채워 넣는 주된 것들이 독서하기와 저술 활동, 그리고 인터넷 및 유튜브 시청이다. 필자로서 가장 우선을 두는 것은 7개의 계율기둥 세우기이고, 선식하기 까지 합하면 8개의 기둥이 된다. 이 기둥사이에 채워 넣을 내용물들은 그때그때의 상황을 고려하여 결정하고 실행한다. 독서하기는 거의 매일 하지만 일기쓰기를 제외한 저술활동은 매일처럼 하지는 못한다.

저녁에 저녁산보와 취침 전 참구명상을 같이 묶은 것은 필자의 습성 때문이다. 필자는 매일 저녁 8시쯤 집에서 10여 분 떨어진 진주성으로 저녁산보를 가는데, 이때 두 바퀴째 돌 때 북장대 대청마루에서 취침 전 참구명상을 하고 집으로 온다. 출발부터 귀가까지 거의 2시간이 걸린다. 집에 오면 여름 같으면 샤워를 하는데, 그 이후 10시가 넘으면 빵과 두유 등으로 간단하게 저녁식사를 한다. 이후는 인터넷을 보다가 그대로 취침한다.

이러한 권계의 이면에는 여러 가지 금계禁戒가 뒷받침되고 있다. 우선, 불음주계不飮酒戒를 비롯한 불교 오계五戒의 철저한 수지이다. 평생토록 마셔오던 술을 8년여 전에 완전히 끊었고, 이후 오계 중 다른 계율도 잘 수지守持하고 있다. 스스로는 이제 이들 계율을 어기지 않을 수 있는 계체戒體가 필자의 내면에 형성되었다고 여긴다. 다만 아직도 잘 안 되고 있는 계율이 있는데 그것이 바로 '때 아니면 먹지 않기[不非時食]'와 '소식小食하기' 계율이다. 이 계율수지의 일환으로 점심식사를 1시 가까이 되어서 한 뒤에 저녁식사를 10시 이후에 가볍게 하려고 한다. 이것이 어느 정도 습관화 되면 앞으로 종국적으로는 일종식一終

食 내지 오후불식午後不食으로 나아가려고 생각한다. 그러면 지금까지 음식 섭취이후 소화될 때까지 겪어온 시간의 낭비를 최소화할 수 있을 것으로 여겨진다.

앞으로 평생토록 지켜나갈 수 있는 좋은 습관이 빠짐없이 형성되면 집중력[의지력]을 포함한 삼대력지력·기력·정감력을 배양하고 활용함으로써 나의 지향처를 향해 부단히 나아가는 '가장 성공하는 삶'을 영위할 것이고, 이 과정에서 「인성교육진흥법」에서 제시한 8대 덕목을 비롯한 바람직한 인성을 저절로 구비할 수 있을 것으로 확신하고 있다.

② 경상국립대학교 사범대학 윤리교육과 재학생 배○○의 경우

〈지향처의 제시〉

나의 삶의 경험을 공유하며 학생들을 참다운 성공의 길로 나아갈 수 있도록 좋은 본보기가 되어 주면서 자연스럽게 올바른 인성을 함양할 수 있게 할 것이다.

〈지향처 설정의 이유 제시〉

우리 사회의 각 분야에서 뛰어난 능력을 가진 사람 가운데는 올바른 인성을 갖추지 못하고 대인 관계 능력이 부족한 사람들이 의외로 흔하다. 상당히 명석하여 좋은 대학을 나오고 어려운 시험에 합격하여 높은 자리에까지 올랐지만, 그 권력과 지위를 악용하여 남을 속이고 자기 이익을 취하는 사기詐欺를 일삼는 사람, 아랫사람을 과도하게 부리고 천대하는 이른바 갑질을 당연시하는 사람 등, 우리 사회 도처에는 이런 사람들이 생각보다 자주 눈에 띈다. 이런 모습들을 보노라면 그 사람이 가진 부귀와 명예가 부럽기는커녕, 저절로 눈살이 찌푸려지면서 나도 혹시 저런 사람처럼 되지 않을까 걱정이 된다.

나는 무엇보다도 올바른 인성을 가지기 위해서는 스스로 올바른 삶의 목표 곧 지향처志向處를 잘 세우고, 이 목표를 이루기 위해서 전력투구全力投球할 필요가 있으며, 그랬을 때 자연히 「인성교육진흥법」에서 강조한 8대 덕목을 비롯한 각종 덕목을 저절로 내 것으로 만들 수 있도록, 인성교육을 설계하고 시행하는 것이 중요하다고 생각한다. 내가 세운 목표를 향하여 나아가는 삶은 나에게 내 목표에 도달하게 함으로써 성공하는 삶을 영위하도록 하는 데 매우 중요하다. 앞으로 내가 그런 삶을 지향함으로써 그 가운데 좋은 인성이 갖추어질 수 있도록 그 본보기가 되어야 하리라고 본다. 그래야만 앞으로 교단에서 도덕·윤리교사로서 학생들에게 제대로 된 인성교육을 실시할 수 있을 것이기 때문이다.

〈지향처 달성의 방법 제시〉

내가 세운 지향처를 달성하기 위한 첫 단계는 지금부터 가장 가까운 시일 안에 임용시험에 합격하는 것이라고 생각한다. 이를 위해서 구체적인 계획을 세우고 꾸준히 전공 공부와 교육학 공부를 해 나갈 것이며, 수업 시연도 막힘이 없도록 준비를 해 나갈 것이다.

인성 측면의 가르침은 전달의 방법도 정확하게 정해져 있지 않을 뿐만 아니라 학생들이 그것을 받아들여 올바른 마음가짐과 인성을 기르게 되었는지 평가하기가 불가능에 가깝다. 그만큼 쉽지 않은 일이지만 학생들이 올바른 인성을 함양할 수 있도록 최선을 다해 지도 방법을 연구할 것이며, 학생들과 가깝게 소통하면서 인성교육에 힘쓸 것이다.

여기서 인성교육이라 함은 가슴 속에 한 가닥 푸른 꿈을 품고 제

자리에서 제 할 일 하도록 하는 삶을 살아가도록 하는 것이며, 성공하는 삶에 필요한 조건이 무엇인지를 알아서 그것을 실천하게 하며, 이 가운데 바람직한 덕목이 저절로 갖추어질 수 있도록 하는 것이다. 참다운 성공의 길로 나아갈 수 있도록 지도하면서 저절로 인성이 함양될 수 있도록 자연스러운 인성교육을 해 나가는 것이 중요하다고 생각한다.

참다운 성공이란 사람들이 흔히 생각하는 출세 또는 부귀영화를 누리는 것이 아니라 자신의 궁극적인 목표[志向處]로 설정한 것을 이루는 것을 말한다. 이처럼 성공하는 삶을 살면 자연스럽게 올바른 인성이 함양되기 마련이다. 모든 교육에서 모범이 될 만한 것을 보여 주는 것이 학생들의 이해를 돕고 더욱 진정성 있게 다가가 학생들을 자극하고 실천할 수 있게끔 해 주는 좋은 방법이기 때문에 나 자신부터가 참다운 성공의 길로 나아가고 있다는 본보기가 될 수 있도록 노력해야겠다고 생각한다.

그뿐만 아니라 이를 위해서는 자기 자신에 대해서 제대로 아는 것이 중요하다고 생각하기 때문에, 틈틈이 학생들에게 호흡명상을 지도하여 그들이 집중력과 의지력을 배양할 줄 알고, 나아가 이들 힘을 바탕으로 지력知力, 기력氣力, 정감력情感力의 삼대력三大力을 배양하고 활용함으로써 각자 자기의 지향처를 향해서 나아가도록 할 생각이다. 지향처를 향해 나아가자면 호흡명상을 통해서 지향처에 도달하고자 하는 강렬한 의지력[집중력]을 바탕으로 어두운 곳을 밝히고 막힌 곳을 뚫을 수 있어야 하는데, 그러자면 지력과 기력이 필요하다. 또한 나의 지향처를 공동체 구성원 모두의 지향처로 수용受容하도록 하기 위해서는 정감력을 배양하고 활용할 수 있어야 한다. 이들 삼대력을 배양하고 활용하면 창의적 리더가 된다. 창의적 리더는 창의성과 리더십을 갖춘 사람이다. 이 중 창의성은 지력과 기력의 배양과 활용에서 확보되고, 리더십은 정감력의 배양과 활용에서 확보된다. 지력 배양의 방법으로는 수강과 예습·복습하기, 그리고 독서를 들 수 있다. 기력 배양의 방법으로는 운동하기를 들 수 있다. 정감력 배양의 방법으로는 '친구들과 어울리기'를 들 수 있다.

이처럼 창의성과 리더십을 갖추고 내 지향처를 향해서 공동체 구성원 모두와 함께 앞으로 나아가는 삶을 살다가 보면 자연히 좋은 인성을 갖추게 되리라고 확신한다. 이제 이런 측면에서 내 지향처를 염두에 둔, 앞으로 습관화해서 영위해야 할 좋은 습관이 필요하다. 이를 위해서 평일용 일과표를 제시할 것이다. 이것은 내가 앞으로 영위하고 싶은 가장 이상적인 일과표가 될 것이다. 그것은 다음과 같다.

평일 일과표-2

구분	시간대	할 일	비고
아침 시간	07~09시 (2시간)	명상 수련: 20분 이내	집중력 및 의지력 배양
		예습하기: 30분	지력 배양
		아침식사 및 등교 준비: 1시간	
오전 시간	09~13시 (4시간)	수강: 3시간	지력 배양
		점심식사 및 휴식: 1시간	
오후 시간	13~20시 (7시간)	수강 및 과제: 4시간	지력 배양
		저녁식사 및 휴식: 1시간	
		임용 공부: 1시간	
		친구들과의 시간 가지기: 1시간	정감력 배양
저녁 시간	20~23시 (3시간)	운동: 1시간	기력 배양
		복습 및 독서: 1시간	지력 배양
		일기 쓰기: 30분	지력 및 집중력 활용
		명상 수련: 20분 이내	집중력 및 의지력 배양

- 지향처 내 삶의 경험을 공유하며 학생들이 참다운 성공의 길로 나아갈 수 있도록 좋은 본보기가 되어 주면서 자연스럽게 올바른 인성을 함양할 수 있게 할 것이다.
- 습관화할 수 있는 방법 3·7의 법칙을 활용한다. 습관화가 되기 전에는 계획을 잊어버릴 수 있으니 눈에 잘 띄는 곳에 일과표를 붙여 놓고 계속해서 숙지한다. 그리고 친구들에게도 일과표 작성을 권유하여 함께 규칙적인 생활을 할 수 있도록 하면 서로 격려하며 습관화하는데 많은 도움이 될 것이다. 그뿐만 아니라 가장 쉽고 가까운 것부터 습관화 시켜 나간다면 차츰 자신감自信感이 생겨나서 매사에 당당해질 것이다.
- 호흡명상을 해 본 소감 호흡명상이 좋다는 말을 듣기만 했지 직접

해 본 것은 이번이 처음이었다. 나의 호흡에 이렇게 집중해 본 적이 없어서 그런지 내가 호흡하는 것이 뭔가 어색했고 신기했다. 호흡명상을 하고 나니 정신이 맑아지는 것 같고, 나를 둘러싸고 있던 잡념들이 하나둘씩 사라지는 것 같다. 앞으로도 3·7의 법칙에 의거하여 호흡명상을 습관화함으로써 늘 집중력[의지력]이 충만하도록 해야겠다는 생각을 강하게 하였다.

③ 경상국립대학교 공과대학 화학공학과 재학생 강○○의 경우

〈지향처의 제시〉

저의 지향처는 화학공정을 통해 현재의 합성섬유보다 기능성이 더욱 뛰어나고 지속력도 오래 유지되는 합성섬유 또는 인조섬유를 개발하여 이 분야에서의 새로운 패러다임을 제시하고자 하는 것입니다. 화학반응을 이용해 현재의 섬유가 지니고 있는 문제점을 개선하고, 이를 통해 사람들에게 보다 나은 합성섬유를 제공함으로써 생활에 편리함을 주는 것이 저의 목표입니다.

〈지향처 설정에 대한 이유 제시〉

저는 대학 1학년 때 화학공학입문설계 과목을 수강하며 현재 저희가 주변에서 쉽게 접할 수 있는 방수 기능을 가진 옷들이 어떻게 개발되어 화학공정으로 제작되고 있는지에 관해 배우게 되었습니다. 이 과정에 흥미를 가지게 되어서 사람들에게 더 나은 기능을 지닌 섬유를 제공하려는 지향처를 가지게 되었습니다.

저의 지향처를 달성하게 된다면 의족 및 의수에도 사용이 가능할 것이고, 단순한 의류를 떠나서 웨어러블 기기wearable device: 사람의 몸에 입거나 걸쳐서 컴퓨터를 사용할 수 있는 것에도 적용할 수 있어 사람들에게 유용하게 사용될 것입니다. 현재 웨어러블 기기나 의족, 의수에 사용되는 섬유는 가격대가 좀 있기에, 이 상황을 문제 삼아 보다 저렴한 가격에 제공 가능한 섬유를 개발하려는 것입니다.

〈지향처 달성의 방법 제시〉

저는 화학공정을 직접 설계하고 공장을 세워 보는 것에 관심이 있어 화학공학과에 진학하게 되었습니다. 이와 관련된 섬유를 비롯한 각종 공정을 설계할 수 있기 위해서는 현재 학과에서의 전공 공부에 충실해야 직접 공정 흐름도를 제작할 수 있을 것입니다. 그리고 분석적인 사고와 도면 작성 및 배치 능력이 요구되므로 이에 부응하기 위해서 공정설계 스터디를 조성해 이와 관련된 여러 지식을 습득하여 지향처를 달성하기 위해 노력할 것입니다.

평일 일과표-3

구분	시간대	할 일	비고
아침 시간	06시~09시 (3시간)	명상 수련: 20분 정도	정력 및 원력 배양
		전날 일기 쓰기: 30분 정도	집중력[의지력]+지력 활용
		아침 운동: 30분 이내	기력 배양
		강의 준비(예습): 30시간 정도	지력 배양
		아침식사[선식] 및 출근: 1시간	
오전 시간	09시~13시 (4시간)	오전 수강: 3시간	지력 배양
		점심식사 및 휴식: 1시간	
오후 시간	13시~20시 (7시간)	수강, 과제 수행[복습]: 3시간	지력 배양
		친구와 운동: 1시간	기력 및 정감력 배양
		저녁식사+휴식: 1시간	
저녁 시간	20시~24시 (4시간)	동아리 활동: 1시간 30분 이내	정감력 배양
		독서하기: 2시간	지력 배양
		취침 전 호흡명상: 20분 이내	집중력[의지력] 배양

• 습관화하고 싶은 일과와 습관화 순서 습관화하고 싶은 일과는 세 가지가 있습니다. 첫 번째는 일기 쓰기인데 오래전부터 해 오고 있어서 새로운 일은 아닙니다. 다만 GNU인성을 수강하면서 일기 쓰기는 다음 날 아침에 하는 것이 좋겠다는 생각을 하였고, 앞으로는 아침에 전날 일기 쓰기를 습관화하고자 합니다. 두 번째는 독서입니다. 표준일과표를 짜며 앞으로 독서 목록을 만들어야 겠다고 마음먹었고 한편으로 이 목록표에 의거하여 책을 구입해서 읽어 나갈 생각입니다. 3·7의 법칙을 활용하여 독서를 습관화함으로써 독서의 생활화를 실천할 것입니다. 그러면 앞으로 지력知力의 배양으로 사고의 폭을 넓히고 글쓰기를 할 때도 도움을 받을 수 있으리라고 봅니다. 세 번째는 운동하기입니다. 저의 지향처에 도달하기 위해서는 많은 독서가 필요한데, 그러자면 튼튼한 체력이 요구됩니다. 운동의 습관화를 통해서 막힌 곳을 뚫을 수 있는 기력이 늘 충분하도록 할 것입니다.

습관화할 순서는 일기 쓰기, 운동하기, 독서하기입니다. 가깝고 쉬운 것부터 먼저 습관화하려고 하다가 보니까 이렇게 순서가 정해졌습니다.

• 호흡명상을 해 본 소감 며칠 동안 꾸준히 아침과 저녁 각각 20분씩 호흡명상을 해 봤다. 처음에는 아무 것도 안하고 가만히 자리에 앉아 있는 것이 상당히 곤혹스러웠다. 다리도 저리고 머릿속은 잡다한 생각으로 가득했다. 하지만 횟수가 거듭될수록 눈을 감고 있는 20분이 제법 익숙해지더니 그 이후부터는 호흡명상 후 가뿐한 기분을 느꼈다. 특히 아침에 명상을 하고 나면 자잘한 걱정거리들이 가셨다. 또 수강을 해 보면 제법 집중도가 상승하였음을 느낄 수 있었다. 앞으로 지속적으로 호흡명상을 하여 이 역시 4번째로 습관화할 생각이다.

5) 인성교육의 대상에 따라 맞춤형 교육을 시행하도록 하자

인성교육의 대상은 매우 다양하다. 그 대상에 따라서 그에 맞는 프로그램이 제시되어야 할 것이다. 크게 보면 인성교육을 담당할 교육자들을 위한 인성교육 프로그램과 청소년이나 기타 학습자들을 위한 프로그램이 있을 수 있다. 이것들은 3주, 21일을 기본으로 하여 그 기간을 가감하는 정치精緻한 교육과정으로 제시될 것이다. 그리하여 이곳에 들어와 소정의 교육과정을 마치고 나면, 그 사람의 인성[心性]이 확연히 달라지는 환골탈태가 일어날 수 있도록 해야 할 것이다. 마치 조식의 훈도를 받은 문인들이 변화하였듯이, 이곳에 교육을 다녀온 후에 지금까지와는 다른 삶을 살게 되었다는 이야기를 학습자 스스로가 하도록 교화·감화·변화 교육을 시행할 수 있어야 할 것이다.

교육의 대상은 교사신임교사 포함, 공무원신임 공무원 포함, 초등학생, 중등학생, 대학생, 일반인, 직장인, 주부, 노년층, 군인, 경찰, 검찰 등 얼마든지 많고 다양한 대상들이 있을 것이다. 특히 국가 지도자급 인사들에 대한 위기의식+청렴의식 함양교육이 매우 중요하다. 이들 각각의 수준과 능력에 맞는 일종의 맞춤형 인성교육이 될 수 있도록 해야 할 것이다.

3. 가야문화, 화랑풍월도花朗風月道를 학습하는 장으로 활용하는 방안

1) 가야파의 문노文弩와 남명학파의 조식曺植

앞에서 살펴봤듯이, 『화랑세기』에 나타나는 가야파가야문화의 특징이 조식의 남명학파가 지니는 학파적 특성으로 부활하여 드러나고 있다. 그뿐만 아니라 이러한 가야파가야문화는 삼국통일기540~681 신라의 화랑풍월도花朗風月道 형성에 매우 중대한 역할을 담당하였다. '무예수련으로 의기義氣를 배양한 뒤에 의를 실천[行義]'하는 화랑[風月]의 특징은 그대로 가야파와 연결된다. 그리하여 삼한일통三韓一統에 앞장 선 호국무사護國武士들이 화랑도花郎徒로부터 배출되어 활약할 수 있었던 것이다. 이런 측면에서 가야파가야문화, 화랑풍월도는 그대로 조식뿐 아니라 남명학파와 연결된다.

이에 앞으로 한선원은 조식의 사상적 연원淵源 중 하나인 가야문화, 화랑풍월도를 학습할 최적最適의 장소임을 자각하고, 민족사의 정화精華인 화랑, 현대판 화랑을 배출하는 장으로 활용될 수 있도록 준비를 해야 할 것이다. 이제부터 여기에 대하여 좀 더 구체적으로 살펴보기로 하자.

『화랑세기』에 따르면 가야파 가운데 가장 대표적인 인물은 8세 풍월주 문노文弩: 538~606와 15세 풍월주 김유신金庾信: 595~673이었다.[89] 둘

89 여기서 문노의 성씨(姓氏)가 무엇인지 궁금해진다. 아마 김 씨였을 것이다. 32명의 역대 풍월주 가운데 김 씨 외의 성을 가진 인물은 설 씨였던 7세 설원랑(薛原郎)과 그 아들 16세 보종(宝宗) 뿐이기 때문이다.

다 무도武道와 의기의 상징인 검도劍道의 대가들이었다. 『화랑세기』, 8세 문노579~582 재임 조에 따르면, 문노는 대가야 왕실의 외손外孫이었다. 문노는 어머니 문화공주文華公主가 신라의 귀족인 비조부比助夫 공에게 시집와서 낳은 아들로서, 스스로 가야의 외손이라는 자부심을 강하게 지니고 있었다.[90] 김대문은 "통일 대업이 (문노) 공에게서 싹트지 않은 것이 없었다"[91]고 평가하였다. 또한 그를 의기의 으뜸[義氣之宗]이라고 찬양하였다.[92]

문노의 화상畵像이 포석사鮑石祠에 모셔졌으며, 역시 금관가야의 후예였던 김유신은 삼한을 통합하고 난 뒤에 이런 문노를 사기의 으뜸[士氣之宗主]으로 삼아 각간角干으로 추증하고 신궁神宮의 선단仙壇에서 대제大祭를 거행하였다고 한다.[93] 여기서 사기지종주士氣之宗主의 사기란 '선비의 기상'을 말하는데, 이때 선비란 무사武士의 성격이 강하지만 문사文士의 의미도 포함한다고 생각된다. 왜냐하면 문노는 "용기를 좋아하고 문장에 능한 호용능문好勇能文의 인물"[94]이었기 때문이다. 그는 출장입상出將入相의 문무겸비지사였으며, 여기서 근 1,000년 뒤에 이 지역에서 출생한 조식과의 상통점을 발견하게 된다.

두 인물이 갖는 특징을 비교해 보면 다음과 같다.[95]

---

90 김대문/이종욱(2009), 8세 문노 조, 116-119쪽.

91 김대문/이종욱(2009), 8세 문노 조, 122쪽, "統一大業, 未嘗不萌于公也."

92 김대문/이종욱(2009), 8세 문노 조, 136쪽, "찬하여 말하길, 가야의 외손으로 의기의 으뜸이요, 국선으로서 화랑이 되어서 우리의 국풍을 떨쳤다.[贊曰, 加耶外孫, 義氣之宗, 以仙爲花, 振我國風.]"

93 김대문/이종욱(2009), 8세 문노 조, 136-137쪽.

94 김대문/이종욱(2009), 8세 문노 조, 122쪽, "公好勇能文."

95 손병욱(2018), 61-63쪽을 참고하였음을 밝혀둔다.

(1) 문노(538~606)의 특징

① 대가야 왕실의 외손으로서, 스스로 가야인이라는 강한 자부심을 지니고 있었다.

② 의義를 숭상하고 검도劍道에 능하였다. 검도수련으로 의기義氣를 배양하여 의를 실천[行義]하는 의기의 으뜸[義氣之宗], 나아가 사기의 으뜸[士氣之宗主]으로 묘사되었다.

③ 화랑조직인 낭도부곡郎徒部曲을 만들었다. 그 가운데서도 무도武道 특히 검도를 수련하여 의기義氣를 형성한 뒤 의를 실천함으로써 위국헌신하려는 충용忠勇의 정신을 화랑들에게 불어넣어 주었다. 우리가 아는 반굴盤屈, 화랑 관창官昌, 대야성의 죽죽竹竹 같은 인물이 나올 수 있는 바탕을 만들었다.

④ 자기 부인 윤궁낭주允宮娘主의 조언에 의거하여 화랑조직인 낭도부곡郎徒部曲의 작동원리를 제시하였다. 그리하여 이 조직을 '**형제애**兄弟愛**가 넘치는 동지**同志**조직**'이 되도록 하였다.[96]

⑤ 그가 육성한 화랑조직은 신라의 삼국통일을 가능하게 하였고, 나아가 신라를 삼킬 야심을 지녔던 당나라와의 7년 전쟁[羅唐戰爭] 670~676에서 승리하도록 해 주었다.

⑥ 국가가 위기에 처하면 자기의 모든 것을 바쳐서 헌신봉사獻身奉事하였지만, 위기상황에서 벗어나면 일체의 공치사를 바라지 않고 깨끗하게 물러나 자연과 더불어 유유자적하는 신선神仙의 삶을 살고자 하였다. 이는 그가 우리의 고유한 진리체계인 선교仙教에 의거하여 선도仙

96 의(義)←정(情)←지(志)의 작동원리가 그것이다. 그 구체적인 내용은 뒤에서 살펴보게 될 것이다.

道를 닦아서 일체의 사려분별을 떠난 신선의 경지에 이르렀음을 말해준다.[97]

⑦ 이후 역사에서 문노는 철저하게 망각되어, 『화랑세기』가 발굴되기 이전에 그를 제대로 아는 한국인은 아무도 없었다. 이후 또 다른 가야파였던 김유신의 후손도 신라의 삼국통일 이후 혜공왕 때765~780 신라파에 의하여 철저하게 제거되었다.

여기서 위의 ⑥과 관련하여 부연설명 하겠다. 『화랑세기』, 8세 문노조에 따르면 문노는 개국開國 4년554 17세 되던 해에 김유신의 조부祖父인 무력武力을 따라서 백제를 쳐서 공을 세웠으나 보답을 받지 못했지만 개의치 않았다. 5년555의 고구려 공격시와 7년557 국원國原으로 출전했을 때, 그리고 북가라北加羅를 정벌할 때도 공을 세웠으나 보답을 받지 못했다. 당연히 그의 부하들이 불평불만을 늘어놓았다. 이때 문노가 부하들을 위로하면서 다음과 같이 말하였다.

> 대저 상벌이라는 것은 소인의 일이다. 그대들은 이미 나를 우두머리로 삼았는데도 어찌 나의 마음을 그대들의 마음으로 삼

97 선교(仙敎)는 샤머니즘적인 무교(巫敎)를 하부구조로 하고, 무도(武道)와 선도(仙道)를 그 상부구조로 삼은 우리의 고유한 사유체계, 진리체계이다. 선교의 이상적인 인간상을 선인(仙人)이라고 하는데, 선인은 접신(接神)능력으로서의 영성(靈性)을 갖추어 공동체의 미래를 예언할 줄 알고, 나아가 무도수련으로 의기(義氣)를 배양하여 의를 실천[行義]하는 국선(國仙)의 자격을 갖춘 사람이다. 그리고 이에 더해서, 선도수련으로 우주청원지기(宇宙淸元之氣)를 배양하여 득도(得道)함으로써 신선(神仙)으로서의 자격도 아울러 갖춘 사람이다. 곧 선인은 무당이자 국선이며 동시에 신선인 그런 존재라고 하겠다. 이 가운데 문노는 국선이자 신선으로서의 면모가 뚜렷하다. 이에 비해 15세 풍월주였던 김유신은 무당이자 국선으로서의 성격을 지니고 있었다고 할 수 있다.

지 않는단 말인가?[98]

문노는 상벌을 초월한 사람이었다. 다만 국가공동체를 위해서 자기의 할 일을 다 할 뿐이라는 생각에 투철하였다. 이런 사람을 일컬어 대인大人이라고 한다. 『화랑세기』, 22세 양도공良圖公 조에서는 "대인에게는 기려서 줄 상이 있을 수 없다. 왜냐하면 그는 천지와 더불어 존재하는 사람이기 때문이다"[99]는 짧지만 의미심장한 말이 나온다. 이미 천지 곧 우주와 일체가 되는 정신경지에 도달한 사람에게 무슨 상이 필요하겠는가?

이후 문노는 거칠부居柒夫의 딸 윤궁낭주允宮娘主와의 결혼을 계기로 정당한 평가를 받기 시작하였고, 드디어 8세 풍월주가 될 수 있었다. 4년간 재위579~582한 뒤에 비보랑秘宝郎에게 풍월주 자리를 물려주고 나서는 윤궁과 함께 수레를 같이 타고 야외로 나가 노닐고 돌아오곤 하였다.[100] 우리는 문노로부터 자기 할 일을 다 한 뒤에 깨끗이 물러나서 자연과 더불어 유유자적하는 신선의 풍모를 느낄 수 있다.

(2) 조식(1501~1572)의 특징

① 그는 대가야 지역이었던 삼가현에서 태어났고, 생애의 대부분을 가야문화권에서 살았다. 그를 비롯한 문인들 대부분 역시 옛날 가야문화권 출신이었다.

---

98 김대문/이종욱(2009), 8세 문노 조, 121쪽, "夫賞罰者, 乃小人之事也. 爾等旣以我爲首, 而何不以我心爲心乎."

99 김대문/이종욱(2009), 22세 양도공 조, 314쪽, "大人無賞, 與天地存."

100 김대문/이종욱(2009), 8세 문노 조, 135쪽.

② 의를 강조하였고 그 상징으로서 검을 지녔다. 검을 사랑해 매사에 일도양단一刀兩斷하는 칼의 정신을 형성하였다.

③ 그의 경의敬義사상은 거경함양居敬涵養 곧 경敬을 바탕으로 거경성찰居敬省察 곧 의義의 꾸준한 실천을 중시하였다. 그는 이러한 집의集義 내지 적선積善에 의거하여 호연지기浩然之氣를 형성한 대장부大丈夫의 정신 경지에 도달할 수 있었다. 그리하여 그는 벽립천인壁立千仞, 태산교악泰山喬嶽, 추상열일秋霜烈日의 기상을 지닐 수 있었고, 문인들에게도 이를 전수하였다.

④ 숭문천무崇文賤武의 시대를 살면서 문 못지않게 무를 중시하였고 강렬한 위기의식危機意識을 지녔다. 위기의식의 핵심은 '내가 항상 전쟁터에 있다'는 항재전장의식恒在戰場意識이고 이는 그의 남다른 무의식武意識에서 나왔다. 무의식은 무예수련과도 연관된다. 그와 그의 문하생들은 평소 군자육예君子六藝에 속하는 사·어射御 곧 활쏘기와 말 타기는 기본적으로 익히고 있었을 것으로 여겨진다.

⑤ 그와 제자들은 문무겸비지사文武兼備之士 내지 출장입상형出將入相型 인간상이고자 하였다. 내암 정인홍이 그 대표적인 인물이다.

⑥ 그와 그의 문도들은 충과 효의 갈림길에 서면 충忠을 선택하였다. 이러한 면모는 인仁을 강조하면서 충보다 효를 중시하였던 퇴계 이황1501~1570의 퇴계학파와는 대조적이었다. 공공성, 공명정대성, 공익성의 의미를 갖는 의는 효보다는 충과 어울리는 덕목이었고, 따라서 그가 강조한 의 가운데는 국가에 대한 충성의 의미가 자연히 들어가게 되었다고 하겠다.

⑦ 그의 문인들은 평소 스승의 가르침에 따라서 국난을 당하자 도처에서 창의기병倡義起兵하여 적과 싸워서 큰 전과를 올렸다. 의병장의

숫자가 50여명이나 되었다. 이들 대부분은 전쟁이 끝나자 벼슬에 대한 미련을 두지 않았고, 그대로 물러 나와서 초야에 묻혀 지낸 이들이 많았다. 이 가운데서도 대표적인 인물로 망우당 곽재우, 탁계 전치원을 꼽을 수 있다.

⑧ 한반도 역사상 제2의 7년 전쟁이었던 임진왜란1592~1598 당시 남명학파는 주류의 위치에 있지 않았으나 창의기병하여 왜적을 물리치는데 큰 공을 세웠고, 그 덕택에 광해군 때 크게 득세할 수 있었으나 그 생명력은 그렇게 길지 못하였다.

⑨ 조식은 조선조 최고의 신성공간이었던 문묘文廟에 배향되지 못하였고, 남명학파는 인조반정 이후 쇠락의 길을 걸었다. 최근에 와서 비로소 재조명되기 시작하였고, 이에 조식의 가르침은 이 시대 한국의 위기상황을 극복하고 우리나라를 통일과 번영으로 이끌어줄 사상으로 주목받고 있다.

(3) 가야파와 남명학파의 공통점

가야파 인물 문노에 의해서 형성된 신라의 화랑풍월도가 배출한 신라 화랑들과, 가야문화권에서 그 사상이 영근 조식이 형성한 남명학파 문인들은 비록 1,000년에 가까운 시간적 간격을 두고 이 땅에 출현하였지만 둘 사이에는 커다란 공통점을 지니고 있음을 알 수 있다. 다시 그것을 정리해 보면 다음과 같다.

> 의-무도〔검도〕 중시-의기義氣형성-충용忠勇의 정신으로 무장함-출장입상형의 문무겸비지사-국가의 위기를 극복하는데 크게 기여함두 번의 7년 전쟁에서 가야파와 남명학파가 크게 활약하여 나라를 구함-제

대로 인정받지 못하고 역사적으로 폄하됨.

2) 문노가 만든 '형제애가 넘치는 동지조직, 낭도부곡郎徒部曲'의 작동원리

이제 지금까지 살펴본 문노의 활약상이 이 시대에 어떤 의미를 갖는지 살펴보기로 하자.

> 대저 의는 정에서 나오고 정은 지에서 나옵니다. 이 의·정·지 셋은 서로 상반된 적이 없어요. 그러기에 큰 정〔大情〕은 의가 되고 큰 사사로움〔大私〕은 공이 된다고 말하는 것입니다.[101]

이 구절은 신라 진흥왕 때의 인물인 거칠부居柒夫의 딸 윤궁낭주允宮娘主가 남편 문노에게 한 말이라고 한다.

문노는 자기 부인의 이 말에 눈이 번쩍 뜨여서 화랑 조직인 낭도부곡郎徒部曲을 '가장 이상적인 조직'으로 변모시켰다. 문노는 낭도부곡을 풍월주風月主–부제副弟–좌삼부左三部·우삼부右三部·전삼부前三部로 이루어진 화랑花郎–낭두郎頭–낭도郎徒의 삼원조직三元組織으로 구성하였다. 오늘날 군대로 치면 화랑은 장교, 낭두는 부사관, 그리고 낭도는 사병에 해당된다고 하겠다.

조직의 우두머리인 풍월주를 일명 주형主兄이라고 불렀는데, 그는

---

101 김대문/이종욱(2009), 8세 문노 조, 130–131쪽, "夫義出於情, 情出于志, 三者未嘗相反也. 故曰 大情爲義, 大私爲公."

조직의 2인자이자 차기 풍월주인 부제副弟와 '형제兄弟' 사이임을 명칭을 통해 알 수 있다. 비록 혈연적인 형제는 아니지만 그들은 사회적인 형제로서 그 정이 매우 돈독하였다. 주형-부제를 위시한 낭도부곡 구성원들은 동일한 지향처志向處, 곧 목표를 추구하였다. 이에 이 조직은 **'형제애가 넘치는 동지**同志 **조직'**이자 삼한일통을 위한 전위 조직前衛組織으로서 강력한 힘을 발휘할 수 있었다. 그렇다면 이제 위의 인용문에서 소개한 말이 구체적으로 무엇을 의미하는지 살펴보기로 하자.

먼저, "의가 정으로부터 나온다[義出於情]"는 말을 살펴보자. 신라 화랑이 가장 중요시했던 덕목은 단연 의였다. 그런데 이것이 정으로부터 나온다는 말을 과연 납득할 수 있겠는가? 의 곧 의리·정의란 공정성·공공성의 의미를 지니는 덕목인데 반해, 정 곧 인정이란 사사로운 친함의 감정을 나타내는 덕목이다. 따라서 '의가 정에서 나온다'는 말만 놓고 보면, 마치 혈연·지연·학연 등의 인정을 고려한 인사권자의 인사 행위가 정의롭고 공정하다고 주장하는 격이다. 이는 불공정한 정실인사情實人事라는 비판을 면할 수 없기에 어불성설語不成說이다. 이처럼 의와 정은 양립하기 어려운 덕목이다. 양립하도록 하자면 어떻게 해야 하는가? 이제 그 비결을 소개하겠다.

다음으로, "정이 지에서 나온다[情出于志]"는 말을 살펴보자. 이때 지란 인사권자, 곧 공동체의 리더가 지닌 지향처를 가리킨다. 지향처란 삶의 궁극적인 목표로서 '하고자 하는 어떤 일'이다. 리더가 '제대로 된 자기 지향처[志]'를 실현하려는 강렬한 의지와 집념을 지닌 인물 곧 지기지사志氣之士라면, 그가 인정[情]을 고려하여 인사를 하더라도 결과적으로 의리[義]에 부합하는 공정성을 확보하게 된다는 것이다. 왜 그런가?

이런 리더의 인사는 비록 정실에 치우친 것처럼 보이지만 리더의 신뢰를 받아 임용된 사람은 인사권자인 리더의 지향처 실현을 최우선시할 것이고, 그리하여 이것이 실현되면 조직원을 포함한 공동체 구성원 모두가 그 혜택을 입음으로써 이것을 정의롭고 공정하다고 여길 것이기 때문이다. 이에 처음에는 냉소적이고 비판적이었던 비조직원들조차도 나중에는 적극적으로 협조에 나서게 된다. 이럴 경우, 그 리더는 인정과 의리의 덕목을 동시에 살리는 데서 오는 권위[카리스마]를 갖게 되고, 그에 의해서 조직과 공동체는 더욱 융성·발전할 수 있을 것이다.

세 번째로 "대정은 의가 되고, 대사는 공이 된다[大情爲義, 大私爲公]"는 말에 주목해 보자. 이 말은 소정小情은 불의不義이고, 소사小私는 공정하지 못한 불공不公임을 함의한다. 그렇다면 대정, 소정이냐, 대사, 소사냐를 가르는 기준은 무엇인가? 바로 '리더의 지향처'이다. 이것이 '제대로 된 좋은 지향처'이기 위해서는 조직만을 위한 것이 아니라 조직 밖의 더 큰 공동체를 염두에 두고 공동체 전체에 보탬이 될 수 있는 목표여야 할 것이다. 그러자면 이것이 앞에서 살펴본 시대성, 공공성, 전문성, 과업지향성의 4가지 조건에 부합해야 한다. 리더가 이런 지향처를 추구하면 조직원과 공동체 구성원 모두가 적극적으로 협조, 동참하여 이것을 실현시킴으로써 결국 성공할 수 있을 것이다.

참고로 신라 당시 낭도부곡의 리더인 역대 풍월주風月主의 지향처는 '신라 주도의 삼한일통'이었고, 낭도부곡은 이 지향처 달성을 위해 끈끈한 형제애의 정으로 뭉친 동지 조직이었다. 이에 조직원의 자부심과 긍지가 높았고, 비조직원인 일반 백성 역시 이 조직에 매우 호의적이고 협조적이었다. 삼한일통의 혜택이 백성들에게도 미친다는 사실을 잘 알고 있었기 때문이다.

'대정위의大情爲義'에서 대정이란 리더의 제대로 된 지향처에 바탕을 두고 나온 정을 가리킨다. 따라서 이 대정은 그대로 정의롭고 공정한 의가 된다는 것이다. 이때의 의는 정을 내포하므로 곧 '의기유정義氣有情'이라고 하겠다. 그리고 '대사위공大私爲公'에서 드러나듯이 이 대정은 곧 대사이고 의와 동일한 공이 되는 것이다. 그렇다면 소정과 소사는 무엇인가? 리더가 '잘못된 지향처' 실현을 위해서 고려하는 정을 가리킨다. 이는 결국 불의나 불공이 될 수밖에 없다. 잘못된 지향처란 위의 4가지 조건에 부합되지 않는 이기적이고 당파적인 삶의 목표를 말한다.

여기서 우리는 다 같이 인정과 의리를 강조하는 화랑 조직과 조폭組暴의 차이점이 무엇인지 알 수 있다. 조폭의 경우, 조직에 소속되지 않는 비조직원 어느 누구도 조직이 잘 되기를 바라지 않는데, 그것은 조직이 잘 될수록 비조직원에게 고통과 불행을 가져오기 때문이다. 이는 결국 조폭의 리더가 지닌 지향처의 문제로 귀결된다. 이것이 제대로 된 좋은 지향처가 아니기에 여기에서 나온 정과 사도 소정·소사로서 불의·불공일 수밖에 없는 것이다.

따라서 정과 사가 대정·대사로서 정의롭고 공정하기 위해서는 리더의 지향처가 매우 중요함을 알 수 있다. 리더가 조직체를 운용함에 정과 의, 공과 사, 의와 불의 그리고 공정성과 불공정성의 문제에 대해 어떤 접근을 할 것인가 하는 것은 동서고금의 모든 리더가 항상 고민하는 사안이 아닐 수 없다. 이제 이 부분을 좀 더 자세히 살펴보기로 하자.

3) 공公과 사私에 대한 동양의 세 가지 견해

여기서는 동양의 한자 문화권에서 공과 사의 상관관계를 나타내는 사자성어四字成語 가운데 세 가지 정도에 주목해 보고자 한다. 이것을 등장의 시간적 순서에 따라 정리해 보자. 먼저, 위에서 언급한 대로『화랑세기』에 나오는 대사위공大私爲公을 들 수 있다. 다음으로, 우리가 익숙하게 들어오고 써 왔던 멸사봉공滅私奉公을 들 수 있다. 끝으로, 최근에 와서 제기되고 있는 활사개공活私開公을 들 수 있다.

먼저, 대사위공을 보자. 본래 이 말의 함의는 '제대로 된 좋은 지향처'를 지닌 리더가 이것을 실현하기 위한 방편으로 사사로운 친함의 감정에 따라 일을 처리하더라도 이것이 공정하고 정의로울 수 있음을 가리키는 말이었다. 그런데 리더가 아닌 조직원 개인에게 이 말을 적용한다면 어떻게 이해해야 할까? 조직원 개인이 추구하는 지향처가 리더의 제대로 된 지향처와 동일하거나, 비록 동일하지는 않더라도 그것을 달성하는 데 방해가 되지 않고 도움이 된다면, 그것은 곧 소사가 아닌 대사이며 불공이 아닌 공이라는 의미이다.

다음으로, 멸사봉공을 살펴보자. 이것의 정확한 출처는 불분명하지만, 대략 지공무사至公無私, 대공무사大公無私와 통하는 말이라고 볼 수 있다. 그런데 이 말이 널리 인구人口에 회자膾炙된 이면에는 일제 강점기의 군국주의 교육이 있었다. 이때 천황에 대한 충성을 강조하면서 천황을 공으로, 개인을 사로 보라고 가르쳤다. 여기서 공을 대표하는 천황이 어떤 지향처를 갖고 있으며, 그것이 실현되면 공동체 구성원들에게 무슨 혜택이 돌아올 수 있느냐? 이런 것은 그다지 중요하지 않았다. 신민臣民은 그냥 자기 한 목숨을 희생하여 천황에게 충성할 뿐이다.

여기에 개인의 지향처가 고려될 소지는 전혀 없었다. 이러한 가르침은 개인주의에 입각한 자유민주주의 시대에는 전혀 맞지 않는다.

끝으로, 활사개공을 살펴보자. '개인의 사사로움을 살려서 공정성과 공공성이 담보되는 세계를 열어 가자'는 이 말은 일본 교토포럼의 공공철학연구소장인 김태창金泰昌 교수가 처음으로 사용한 것으로 알려져 있다.[102] 멸사봉공의 군국주의 시대를 살았던 일본인들에게 개인의 개성, 소질, 적성, 감정 등이 중요시되는 자유민주주의 시대에 알맞은 사고를 해야 함을 강조하면서 제시한 말이다. 이때 활사活私의 사는 대사인가 소사인가? 대사가 리더의 제대로 된 지향처를 염두에 둔 개인의 지향처에서 나온 개인의 개성과 감정을 가리킨다면, 소사란 리더의 지향처와 어긋나는 개인의 지향처에서 나온 개인의 개성과 감정일 것이다. 따라서 활사의 사는 당연히 대사여야 한다. 왜냐하면 이것이 공을 열어 가는 개공開公이어야 하기 때문이다. 만약 소사 같으면 공의 실현을 가로막아 방해하는 폐공閉公이 되고 말 것이다. 이렇게 놓고 볼 때 신라 화랑의 대사위공은 이 시대에 다시금 활사개공으로 부활하고 있다고 하겠다.

102 이것은 선공후사(先公後私)를 넘어서 공사공매(公私共媒)에 의거하여 행복공창(幸福共創)으로 나아가는 것을 겨냥한다. 여기 대해서는 김태창(2008), 335-339쪽을 참고하기 바람.

4) 대사위공大私爲公-활사개공活私開公을 위한 국가 공동체의 비전vision 제시

그렇다면 대사위공-활사개공이 가리키는 바는 무엇인가? 개개인이 대사의 삶, 활사의 삶을 살기 위해서는 무엇보다도 제대로 된 내 지향처를 세우고 이것을 추구해 나가야 한다는 것이다. 그러면서 이것이 국가 공동체의 목표 내지 미래 비전에 부합되거나 그것과 상통하는 지향처라야 할 것이다.

여기서 국가 공동체의 목표가 어떠해야 하는가? 한마디로 이것이 실현되면 대다수 국민의 삶을 획기적으로 향상시키면서 인류평화와 번영에 기여하는 보편성도 지닐 수 있어야 한다. 그리하여 열심히 내 지향처를 추구했는데 그것이 자연히 국가 공동체의 목표 내지 미래 비전 실현에 도움을 주는 그 길을 발견하여 걸어갈 때, 비로소 우리는 각자 대사-활사의 삶을 살 수 있다. 그리고 이러한 삶은 정의와 공정함에 기반한 성공하는 삶으로 귀결될 수 있을 것이다.

그렇다면 이 시대 우리가 공유해야 할 국가 공동체의 목표, 지향처, 미래 비전이 무엇이어야 할까? 앞에서도 언급했듯이, 그것은 단연 '강하면서도 선한 문화국가의 실현'이어야 한다. 이때 강한 나라란 생존이 보장되고 법질서와 기강이 확립된 나라이다. 선한 나라란 양심에 따라 사는 사람이 사회의 주류主流가 되는 나라이다. 문화국가란 우리를 포함한 모든 인류를 행복하게 해 줄 고급문화를 부단히 생성해 내는 나라이다. 저급한 문화, 저질의 문화는 참다운 행복을 담보할 수 없다. 따라서 고급문화란 진리에 바탕을 둔 문화이다. 이것은 진선미眞善美 삼위일체의 관점에서 볼 때 선하고 아름다울 수밖에 없다. 특히 도덕적으로 선한 민족이라야만 문화국가를 건설할 수 있다. 그러므로 문화국가로 가기 위해서는 선한 나라가 되는 것이 매우 중요하다.

앞으로 이런 나라로 가기 위해서는 선후先後, 본말本末 관계를 잘 파악하여 추진해야 한다. 선후 관계에서 볼 때, 강함을 이룬 뒤에 선함을 추구해야 한다. 강함 가운데서는 생존의 보장이 법질서와 기강 확립보다 선행되어야 한다. 생존의 보장이란 경제력+국방력+사회복지의 시행을 가리키는데, 여기서도 순서가 중요하다. 경제력이 뒷받침되어야 국방력과 사회복지제도가 구비될 수 있기 때문이다. 그런데 본말 관계에서 볼 때는 선함이 강함보다 더 근본적이다. 인간의 인간다움은 선함에 있지 강함에 있는 것이 아니기 때문이다. 따라서 국가 리더가 이런 관계를 잘 파악해야만 강함과 선함을 조화롭게 추진함으로써 강하면서도 선한 문화국가를 실현할 수 있다.

여기서 특히 우리의 형편으로 본다면, 생존의 보장 조건은 어느 정도 충족되었음에도 대다수 국민이 여전히 선하고 아름다운 문화국가와는 거리가 먼 질적으로 매우 차원 낮은 불행한 삶을 영위하는 이유가 '법질서와 기강 확립'이 제대로 안 되어서 그렇다고 할 수 있다. 법질서와 기강 확립의 요체는 법 앞에 만인이 평등하다는 의식을 바탕으로 신상필벌信賞必罰, 일벌백계一罰百戒의 원칙을 지키는 데 있다. 이에 법질서와 기강을 추상같이 바로 세우기 위한 획기적인 조처가 필요한데, 특히 법을 책임진 권력기관인 검찰, 경찰, 법원, 국회 등의 솔선수범率先垂範이 전제되지 않으면 안 되고, 이렇게 하자면 이들 기관에 대한 근본적인 개혁이 불가피하다.

현 문재인 정부가 출범하자마자 검찰 개혁에 발 벗고 나선 것도 그동안 법질서와 기강 확립을 학수고대해 왔던 국민의 여망에 적극적으로 부응하기 위함이었다. 따라서 이번 개혁은 반드시 성공해야 한다. 이후 다른 권력기관을 순차적으로 개혁함으로써 우리 사회 상층부가 쇄신된 모습을 보이도록 해야 할 것이다. 다만 이렇게 하는 데는 전제 조건이 있다.

무엇보다도 경제가 중요하다. 지속적인 경제발전을 통한 경제력을 바탕으로 국방력이 강화되어 국가안보가 반석 위에 놓일 때 사회복지도 제대로 구비될 수 있다. 이처럼 생존이 보장된 조건하에서만 법질서와 기강 확립이 의미를 갖는다. 만약 지금처럼 경제가 침체상태에 놓이거나 설령 경제가 잘 풀려나가더라도 국가안보가 불안하다면 사회복지가 제대로 될 수 없고, 따라서 이처럼 생존이 위협받는 속에서 법질서와 기강 확립을 시도하면 자칫 법 만능의 법가法家적인 공포심을 조장하여 사회 전체의 활력을 떨어뜨릴 수 있다. 이처럼 강함이 제대로 갖추어지지 못한 상태로는 '선한 문화국가의 달성'은 요원하다. 이 정부 들어서 경제와 국가안보에 대해 점증漸增하고 있는 국민의 불신과 우려를 타개하는 일이 매우 시급하다. 그렇지 않고서는 제대로 된 법질서와 기강 확립은 불가능할 것이다.

그렇지만 경제력-국방력-사회복지제도를 제대로 구비하여 생존을 보장받고 나아가 법질서와 기강을 바로 세운 강한 나라를 추구하면, 우리나라는 양심에 따라서 사는 사람이 대접받고 큰소리치는 진리에 바탕을 둔 선하고 아름다운 문화국가로 급속히 바뀌어 나갈 수 있으리라고 본다.

각자 이 비전을 염두에 두고 나의 지향처를 세워서 추진하되, 이것이 결국은 이런 나라를 이루는 데 기여하는 목표가 되도록 신경을 써야 할 것이다. 앞에서 언급한 바람직한 지향처를 위한 4가지 조건을 고려하여 개인의 지향처를 세운 뒤에 이것을 제대로 추구해 나간다면, 이 비전은 더 이상 꿈이 아닌 현실이 될 수 있을 것임을 굳게 믿는다.

이 한국의 미래 비전은 삼국통일기 신라의 화랑 조직이 지녔던 '신라 주도의 삼한일통'이라는 지향처와는 그 격이 다르다. 우리는 물론 한국이 주도하는 자유민주주의 통일을 이루어야 한다. 그러나 여기에 그쳐서는 안 된다. 이것이 무엇을 위한 통일이어야 하는가를 생각하지 않으면 안 된다. 신라가 삼한일통을 주도적으로 달성하는 데 최종적인 목표를 두었기에 이 목표가 달성되고 난 뒤에 정말 이상적인 국가를 실현하는 일에는 도리어 등한하였고, 그 결과 통일 이후 도리어 당唐을 문화적 종주국으로 섬기는 사대주의 노선을 걸어감으로써 많은 문제를 야기하였던 과거사를 반면교사로 삼을 수 있어야 한다.

자유민주주의 통일은 어디까지나 우리나라를 '강하면서도 선한 문화국가'로 만들기 위한 과정일 뿐 결코 최종적인 목표가 될 수 없음을 똑똑히 인식하지 않으면 안 된다.

5) 가야문화–화랑풍월도–남명학파의 연관성

(1) 가야의 옛 터전에서 싹트고 뿌리를 내려 성장해 온 남명학파의 경의敬義 사상은 그 연원을 가야문화–가야파에서 찾을 수 있다. 특히 경의 가운데 의는 그것이 검劍으로 대표되며, 여기에는 무의식武意識이 강하게 스며 있다. 필자는 경의 사상의 밑바탕에는 『화랑세기』에서 나타나는 도의道義 위주의 화랑풍월도 가운데서도 '의기를 배양하여 의를 실천[行義]하는 것'으로 요약되는 무도武道가 큰 영향을 미치고 있다고

본다. 신라가 삼한일통을 이루고 당과의 7년 전쟁670~676에서 최종적으로 승리한 데에는 문노-김유신으로 대변되는 가야파의 공헌이 절대적인 영향을 미쳤다.

남명학파가 갖는 제반 특징은 근 1,000년의 간격을 두고 마치 삼국통일기의 가야파가 부활한 것 같은 느낌을 줄 정도로 가야파와 남명학파 간 친연성親緣性이 매우 강하다. 임진왜란 시 창의기병倡義起兵한 남명학파 의병장들 중 3대 의병장으로 일컬어지는 정인홍, 김면, 곽재우가 대가야를 중심으로 한 가야 문화권 출신이라는 점에 주목할 필요가 있다. 이들은 삼국통일기 신라 화랑 중 호국선護國仙의 면모를 강하게 지니고 있었다고 하겠다. 따라서 앞으로 남명학파에 대한 연구는 화랑풍월도의 형성과 전개에 영향을 미친 가야문화-가야파의 연구로 확장되어야 할 것이다. 이는 남명학의 연구 방향을 설정하는 것과 관련하여 매우 중요한 시사를 준다고 하겠다.

(2) 지금까지 살펴본 바와 같이 『화랑세기』에 나타나는 가야파와 남명학파 간에 그 친연성이 매우 강하다면, 그 이유가 무엇일까? 그 이유를 어떻게 설명할 수 있을 것인가? 여기에 대해서 다음의 내용은 많은 시사를 준다.

인간 개개인의 기질이 어떻게 형성되는지 혜강 최한기의 '기학氣學'적 관점에서 살펴보기로 하자. 기학에 따르면 인간의 기질氣質은 신기神氣와 형질形質로 이루어지는데, 신기를 결정하는 요소가 넷이요, 형질을 구성하는 요소 역시 넷이다.

먼저, 신기를 결정하는 네 가지 요소를 살펴보자.

사람 몸의 신기神氣를 생성하는 요소에 네 가지가 있다. 첫 번째는 천天이요, 두 번째는 땅의 요인〔土宜〕이요, 세 번째는 부모의 유전적 요인〔父母精血〕이요, 네 번째가 보고 들어서 익힌 것〔見聞習染〕이다.[103]

다음으로, 형질을 형성하는 네 가지 요소를 살펴보자.

이미 사람으로 태어났다면 그 형질이 생겨난 연유를 궁구하여서, 하늘로부터 똑 같이 품부 받은 신기神氣가 형질을 따라서 달라진다는 데 통달해야 한다. 사는 곳의 자연환경〔所居之水土〕과 부모의 유전적 요인〔父母之精血〕이 형질의 근본 바탕〔根基〕을 이루어 생성되면, 평소 익힌 바〔所習〕가 (하늘로부터 부여받은 똑 같은) 천지의 신기〔天地之神氣〕를 (각각 다른 모양으로) 빚어내는 것이다.[104]

이제 사람의 신기를 구성하는 네 가지 요소와 형질을 구성하는 네 가지 요소는 각각 신기+형질로 그 짝을 이루어 한 인간의 기질을 형성하는 데 영향을 미치는 것으로 설명된다. 한 인간의 기질[신기+형질]을 구성하는 네 짝은 천天+천지지신기天地之神氣, 토의土宜+소거지수토所居之水土, 부모정혈父母精血+부모지정혈父母之精血, 견문습염見聞習染+소습所習으로 제시된다. 여기서 천+천지지신기란 모든 인간이 생득적으로 부여받

103 최한기(2022②), 체통(體通), 사일신기(四一神氣) 조, 28쪽, "人身神氣生成之由有四, 其一天也, 其二土宜也, 其三父母精血也, 其四見聞習染也."

104 최한기(2002②), 28쪽, "旣爲人身, 宜究形質之所由生, 以達所稟神氣, 隨形質而有異也. 所居之水土, 父母之精血, 爲形質之根基而生成, 所習陶鑄乎天地之神氣."

는 보편적인 기질이다. 예컨대, 인간이 하늘로부터 부여받는 보편적인 기질 속에는 누구나 다 활동운화活動運化하는 본성이 들어 있다는 것이다.[105] 토의+소거지수토란 개인의 기질을 구성하는 자연환경적인 요소이다. 어느 곳에서 태어나서 자랐느냐가 그 사람의 기질형성에 영향을 미친다는 것이다. 부모정혈+부모지정혈이란 개인의 기질을 구성하는 유전적인 요소이다. 견문습염+소습이란 개인의 기질을 구성하는 후득적後得的인 요소이다. 즉, 무엇을 보고, 듣고, 익혔느냐의 학습정도에 따라서 개인의 기질이 달라질 수 있다는 것이다.

최한기는 모든 인간은 누구나 다 이러한 기질 형성의 네 가지 요소의 영향을 받아서 독특한 각자의 기질을 형성하게 되며, 이 기질이 개인의 운명을 결정하는 역할을 한다고 봤다. 이 가운데 개인의 기질적 특수성을 형성하는 요소는 셋인데, 그것은 자연환경적 요소, 유전적인 요소, 그리고 학습적인 요소이다. 이들 셋 중 자연환경적인 요소와 유전적인 요소가 생득적生得的이고 불변적인 것이라면, 학습적인 요소는 후득적이고 가변적이다. 이 말은 개인의 기질형성에 영향을 주는 자연환경적인 요소와 유전적인 요소는 개인이 노력한다고 바꿀 수 있는 것이 아님을 가리킨다. 다만 학습적인 요소만이 기질적 특성에 가변적으로 영향을 미칠 수 있을 뿐이다. 그런데 이 말 속에는 아무리 후득적으로 학습을 많이 하더라도 그것은 불변적인 기질의 범위 내에서 이루어질 뿐, 학습을 통해서 타고난 불변적인 기질을 바꿀 수는 없다는 의미가 들어있다. 따라서 한 개인의 기질 형성에 있어 생득적이고 불변적인

105 최한기(2002①), 32쪽, "인물기에는 각각 활동운화의 본성이 있으니 곧 기질지성이다.[人物氣, 各有活動運化之性, 卽氣質之性.]"

요소인 자연환경적인 요소와 유전적인 요소가 매우 중요한 것임을 알 수 있다.

그렇다면 가야파와 남명학파의 친연성은 이 네 가지 기질 형성의 요소 중에서 어느 요소의 영향으로 나타난 것일까? 바로 두 번째의 자연환경적인 요소 때문이라고 하겠다. 과거 가야문화권은 지정학적으로 봤을 때 조선조에는 강우문화권으로, 그리고 오늘날은 경남일원으로 간주되고 있다. 이 지역에 살고 있는 사람들은 이 지역의 기후와 토질, 산세와 수세의 영향을 받을 수밖에 없다. 이는 과거에도 그러했고 지금도 그러하며, 앞으로도 그러할 것이다. 따라서 이 지역민들의 기질 속에는 이 지역의 자연환경적인 요소에서 오는 특성이 공통적으로 들어있기 마련이다. 그렇지만, 이 특성은 다른 지역 사람들, 예컨대 신라문화권, 강좌문화권, 그리고 오늘날의 경북일원에 사는 사람들의 특성과는 뚜렷한 변별성辨別性을 지닐 수밖에 없다.[106]

바로 이 이유 때문에 앞에서 살펴봤듯이, 거의 1,000년의 시간적 간격을 두고 가야문화권에 살았던 당시 신라인들과 조식의 남명학파 간에 강한 친연성이 나타났다고 할 수 있다. 그리고 앞에서 우리는 『화랑세기』에서 묘사된 가야파의 특징이 남명학파로 계승되었다면, 신라파의 특징이 퇴계학파로 계승되었음을 두 학파의 특성비교를 통해서 확인할 수 있었다. 그렇다면 이러한 자연환경이 주는 기질적 특징은 이 시대 이곳 경남일원에 살고 있는 우리들에게도 은연중에 계승되어서

106 이는 꼭 최한기에 국한된 주장은 아니다. 『택리지(擇里志)』를 지은 실학자 이중환(李重煥: 1690~1752)역시 최한기에 앞서서 각 지역의 자연환경이 그곳 사람들의 기질적 특성을 형성한다는 이야기를 하고 있기 때문이다.

이것이 개인의 기질형성에 커다란 영향을 미치고 있다고 볼 수 있는 것이다.

(3) 현재 당면하고 있는 현실 상황 속에서 우리가 주도하는 남북통일을 이루고, 나아가 통일한국이 주변의 4대 강국의 틈바구니 속에서 당당히 자주성을 확보하기 위해서는 이 시대에도 화랑풍월도의 계승과 활용이 여전히 필요하며, 그러자면 이러한 정신을 은연중에 드러내고 있는 조식의 경의敬義 사상에 주목하지 않을 수 없다. 경의 사상을 이 시대에 어떻게 되살릴 것인가?

필자는 문노가 중시한 '대사위공'은 물론이고 이와 연계성을 갖는 '활사개공'의 정신, 나아가 한국의 미래 비전으로서의 '강하면서도 선한 문화국가의 실현'이라는 문제에 주목하였다. 특히 '대사위공'이 '대정위의'와 통한다는 측면에서 앞으로 조식의 경의 사상을 되살릴 때 그것이 의기유정義氣有情의 대정에 바탕을 두도록 해야 하며, 그러자면 국가공동체의 지향처 설정이 매우 중요함을 강조하고자 한다. 이에 현재 정부 차원에서 관심을 갖고 추진하는 가야사에 대한 연구가 단순한 유물 발굴을 넘어서 '가야문화—화랑풍월도–남명학의 외연外延 확대와 연구의 활성화'로 이어질 수 있기를 바라는 마음 간절하다.

4. 문화관광적인 볼거리 제공과 전시체험展示體驗의 장으로 활용하는 방안

1) 조식의 생애를 정리하고 아울러 남명학파의 문화적 모태인 가야문화의 특성을 보여 줄 수 있도록 하자

남명학파는 가야 문화권에서 발흥하였다. 남명학파의 태두인 조식은 본래 가야 문화권에서 탄생하여 유아기를 보냈고, 이후 대략 28세 무렵부터 72세로 생을 마칠 때까지 의령, 김해, 삼가, 덕산 등 가야문화 권역에서 대부분의 삶을 영위하였다. 이에 조식의 생애를 주요한 행적 중심으로 큰 지도에 표시하여 일별할 수 있도록 할 필요가 있다.

한선원 역시 가야 문화권에 자리 잡고 있다. 따라서 가야문화의 특성을 제대로 알고 이것을 살릴 수 있도록 해야 할 것이다. 조식의 정신적 뿌리인 가야문화의 정수가 왜 이 시대에도 여전히 유효하고 필요한지에 대해서 설득력 있는 제시가 요청된다. 특히 조식의 참 선비 이념 속에 깃든 무의 정신, 칼의 정신과 가야문화가 깊은 연관성이 있음을 분명히 밝힐 필요가 있을 것이다. 이에 비해 신라문화는 그 특성이 문의 정신에 바탕을 두고 있다. 여기에 대해서는 앞에서 도표로 제시한 바 있으므로 재론하지 않겠다.

2) 남명학파와 의병장, 나아가 조식의 10대 제자를 알리고 현창할 공간을 마련하자

남명학파의 형성과 계승을 일별할 수 있는 공간을 마련한다. 나아가 조식의 문인들 가운데 임진왜란 시 창의기병倡義起兵한 3대 의병장정인홍·김면·곽재우을 비롯한 다른 의병장들의 석상과 초상화를 안치하고 그들의 생애와 활약상을 일별할 수 있도록 하면 좋을 것이다. 특히 임진왜란 시 창의기병은 남명학파를 드러낼 수 있는 매우 중요한 특징이므로 잘 부각되도록 해야 할 것이다. 이뿐만 아니라 객관적 기준에 의거하여 조식의 10대 제자를 선정하여 역시 그들의 석상과 초상화를 안치하고 생애의 두드러진 특징들을 소개하도록 하자. 이때 이웃한 남명기념관의 내용과 가급적 중복되지 않도록 하는 것이 중요하다.

3) 『학기유편』의 24도 가운데 조식이 직접 자작하여 그린 5도를 중심으로 그의 사상적 특성을 한눈에 알 수 있도록 하자

이들 5도는 「고허왕상도孤虛旺相圖」, 「성도誠圖」, 「역서학용어맹일도도易書學庸語孟一道圖」, 「심위엄사도心爲嚴師圖」, 「기도幾圖」이다.[107] 이들 5도 속에는 조식의 입장이 잘 드러나고 있는데, 이들 입장은 나중에 「신명사도」를 작성하는 데 매우 요긴하게 반영되고 있다고 하겠다. 이들 5도를 중심으로 24도를 알기 쉽게 해설한 공간을 마련하는 것도 필요하

107 이철승(2014), 1-2쪽 각주 1을 참고로 함.

다고 본다.

4) 한선원은 남명학파의 메카 중의 메카로서 이곳에서 전체 남명학 관련 문화공간을 일별할 수 있는 특별실을 마련하자

이 특별실에서는 2014년도 학술대회에서 거론된, 조식의 생애에 따른 주요 문화공간의 특징이 부각될 수 있도록 함으로써 관람자가 직접 그 공간에 가서 둘러보고자 하는 욕구를 갖도록 해야 할 것이다.[108] 아울러 그 공간에 가장 용이하게 접근할 수 있는 방법도 자세하게 안내해 줄 수 있어야 할 것이다.

5) 조식이 『학기유편』의 「소학·대학도」에서 강조하였던 군자육예君子六藝에 속하는 예禮·악樂·사射·어御·서書·수數가운데 예와 악을 익힐 수 있는 공간을 마련하자

아마도 그 이름은 예악실 내지 예절·음악실이 될 것이다. 살아가는데 필요한 가장 기본적인 예절을 익히고 나아가 국악기를 배우거나 국악 감상을 할 수 있는 장소를 마련하여 활용함으로써 예와 악의 조화가 왜 이 시대에 필요한지, 어떻게 하면 '인간관계에서 좋은 거리good distance를 유지하면서 형제애가 넘치는 사회로 나아갈 수 있는지' 그 원리를 알도록 해야 할 것이다.

---

108 2014년도 학술대회의 주제는 '남명학의 문화론적 접근'이었고, 여기서 다루어진 문화공간으로는 산해정과 신산서원, 용암서원, 뇌룡정, 산천재, 덕천서원 등이었다.

6) 그리고 사·어射御 곧 활쏘기와 말타기를 통해 신체를 단련하고 무의식武意識을 기를 수 있는 장소를 마련하자

국궁을 할 수 있는 궁도장, 검도를 비롯한 무예수련 등 신체단련을 통해서 기력과 무의식을 배양할 수 있는 장소, 그리고 치마장馳馬場을 마련하자. 치마장은 일종의 명상길, 둘레길을 겸하여 활용하면 될 것이다. 현재 궁도장은 운영되고 있지만 좀 더 규모 있고 체계적인 시설을 갖추어 활용할 필요가 있을 것이다.

7) 조선조의 학파를 크게 영남학파와 기호학파로 구분하고 다시 영남학파를 남명학파와 퇴계학파로 구분하여, 전체 학맥의 흐름을 비교하여 일별할 수 있도록 일종의 학맥도를 만들어서 전시하자

8) 조식이 생전에 임금에게 올린 각종 상소문을 알기 쉽게 풀이한 공간을 마련하여 이 상소문을 통해서 그의 올곧은 참 선비의 정신을 제대로 인식할 수 있도록 하자

이때 참 선비 혹은 창의적 리더는 자기 시대를 '위기의 시대'로 파악할 수 있는 위기의식을 지녀야 하고, 이러한 위기의식을 일반인들에게 설득력 있게 제시할 수 있어야 함을 염두에 두고, 조식이 지닌 위기의식의 실상이 무엇이며, 이것을 어떻게 다른 이들에게 전달하려고 했는지 살필 수 있도록 하자. 임금에게 전달한 방식과 문인들에게 전달한 방식을 나누어 고찰할 수 있을 것이다. 나아가 이 시대가 왜 위기인가? 그 위기의 실상이 무엇이며, 위기를 타개하기 위한 방법은 무엇인지를 스스로 숙고할 수 있도록 하자.

9) 전시체험展示體驗을 할 수 있는 '선비 박물관'을 만들 것을 다시 한 번 제안하는 바이다

이때 위의 6)을 제외한 1) ~ 8)은 모두 이 선비 박물관 안에 위치하도록 하면 되리라고 본다. 자료실을 겸하도록 하되, 여기에는 '시대별로 나타나는 선비상', '지리산의 역사와 풍물', '지리산과 선비' 등의 코너를 마련함으로써 이곳이 선비문화의 메카로서의 역할도 겸할 수 있도록 해야 할 것이다.[109]

10) 조식이 사랑했던 두류산 등산로를 걷는 시간을 마련하자

조식이 실제로 올랐던 두류산 등산로를 분석한 뒤 이것을 지도상에 표시한다. 그리고 교육연수 기간 중 이 가운데 한 곳을 택하여 오르면서 조식이 남긴 기록들을 음미하고 조식과 무언의 대화 시간을 갖도록 하자. 아니면 명상길, 혹은 한선원에 들어온 학습자들을 위한 둘레길을 선정하여 교육자와 학습자가 같이 걸어 보는 시간을 갖도록 하자.

109 여기 대해서는 손병욱(2010), 176–177쪽의 내용을 재인용함.

11) 조식의 어록 가운데 음미할 만한 문장을 선별하여 게시하자

조식이 문인들에게 훈도한 내용 가운데서 이 시대에도 음미할 가치가 충분하다고 여겨지는 어록들을 뽑아서 「남명어록집」을 만든 뒤에 이것을 간략한 해설과 함께 한선원 안의 적당한 장소에 게시하도록 하자. 예컨대 김우옹이 밝힌 다음과 같은 내용이 좋은 사례가 될 수 있을 것이다.

> 선생은 일찍이 우옹에게 말하길, 장부丈夫의 행동거지는 무겁기가 산악山岳과 같아야 하고, 마주보면 천길 절벽인양 우뚝해야 한다. 그래야만 때가 이르러 바야흐로 허다한 사업을 지어서 펼쳐나갈 때는 마치 천근 무게의 쇠뇌를 한 번 쏴서 능히 만 겹의 두꺼운 벽을 분쇄粉碎하듯이 할 수 있다.[110]

조식의 기질적 특성인 태산교악泰山喬嶽, 벽립천인壁立千仞은 앞으로 의미 있는 사업을 펼치기 위해서 내면에 힘을 응축한 상태가 겉모습으로 드러난 것임을 말해준다. 그의 '머무르면 지키는 바가 있고, 나아가면 하는 바가 있어야 한다[處則有守, 出則有爲]'는 출처관出處觀의 핵심이 왕도정치의 실현을 위해서 요청되는 허다한 사업을 시행하여 이루는데 있음을 알려주는 구절이라고 하겠다.

110 『남명집별집』 권2, 「언행총록」, "先生嘗於宇顒曰, 丈夫動止, 重如山岳, 壁立千仞, 時至而伸方做出許多事業, 千勻之弩一發, 能碎萬重堅壁."

5. 통일한국 시대에 바람직한 통일문화 확산의 장으로 활용하는 방안

1) 통일 전야인 현 시기의 활용 방안과 통일 이후의 활용 방안으로 나누어 생각해 보자. 아직 통일이 안 되었지만 우리는 한시라도 통일된 한국의 미래상을 뇌리에서 지울 수 없다. 통일 이후 우리가 몽매에도 염원해 왔던 '강하면서도 선한 문화국가'로 나아가기 위해서는 현재 가장 미흡한 법질서와 기강을 바로 세우는 문제를 해결해야 한다. 그러면서 진리에 입각한 선하고 아름다운 나라가 되도록 해야 한다. 전자는 사회과학적인 제도 개선의 문제이고 후자는 인문학적인 인성교육의 문제이다.

이 일원의 하드웨어와 소프트웨어는 인성교육에 매우 유효함을 앞에서 살펴봤다. 그뿐만 아니라 이것은 법질서와 기강을 확립하는 데에도 매우 유용하게 활용될 수 있을 것이다. 법질서와 기강 확립을 위해서는 기득권자의 솔선수범이 중요한데, 이곳에서의 교육은 위정자들에게 위기의식과 청렴의식을 심어 줌으로써 그들의 방종과 예외를 용납하지 않을 것이기 때문이다. 제대로 된 통일을 위해서는 통일 이전에 '불의 문명시대'가 필요하다고 본다. 불은 태우고, 죽이고, 없애고, 고치는 역할을 한다. 따라서 이곳의 이념은 의 기준에 어긋나는 어떠한 사적 욕심도 허용하지 않으려고 한다. 이곳을 다녀간 모든 이들은 사리사욕에 흔들리지 않는 마음의 경지를 체득하여 돌아가서 제대로 된 통일을 맞이하는 데 기여하는 삶을 살 수 있게 될 것이다.

2) 이러한 참 선비 이념, 곧 불의 정신에 입각하여 이제 통일의 시대가 도래하면 이 통일이 정착될 때까지는 여전히 불의 문명시대가 필요하며, 이곳의 참 선비 이념은 통일 이후에도 커다란 효용성을 발휘하여 통일한국을 빨리 안정시켜 줄 것이다. 통일한국은 이러한 안정을 기반으로 모든 것을 살리고 포용하는 생명수, 감로수인 '물의 문명시대'로 나아감으로써 드디어 강함을 바탕으로 한 선한 문화국가로 발돋움할 것이다.[111] 그리하여 모든 인류를 행복하게 할 고급문화를 끊임없이 창출하고 진정한 세계의 평화에 기여하는 위대한 나라가 되는 데 이곳과 이곳의 이념은 큰 힘을 보탤 수 있을 것이다.

3) 이곳의 참 선비 이념이 지닌 포용정신과 자기절제정신은 통일 이후 제기될 폭발적인 불만을 무마하고 남북한이 하나의 공동운명체로 거듭날 수 있도록 하는 데 크게 기여할 수 있을 것이다.

111 불의 문명, 물의 문명과 관련해서는 동학의 2세 교주였던 해월 최시형(海月 崔時亨: 1827~1898)이 하늘로부터 받았다고 하는 '강시(降詩)'에서 잘 드러난다. 그 일부를 소개하면 다음과 같다. "용이 태양구슬[여의주]을 전해 주니, 궁을이 문명을 회복하는 도다. 운수가 하나의 새로운 천지를 여니, 도가 일수(一水)에서 생겨나는 도다. 이 일수가 천지 사방으로 흘러가니, 진리의 꽃이 만인의 마음속에 피어나는구나.[龍傳太陽珠, 弓乙回文明. 運開天地一, 道在水一生. 水流四海天, 花開萬人心.]" 필자는 이것이 한국의 미래와 관련하여 매우 예언적인 시사를 준다고 여긴다. 앞으로 한국은 불의 문명시대→물의 문명시대를 거쳐서 인류를 행복하게 할 고급문화를 끊임없이 창출하는 '위대한 문화국가', '문화의 종주국'으로 부상할 것이다. 이에 한국의 통일은 불의 문명으로 맞이하여 불의 문명으로 정착시켜야 한다고 여긴다. 이때 불의 문명은 죽일 것을 죽이는 것으로서, 살인검(殺人劍)을 쓰는 것에 비견된다. 그래야만 살리고 포용하는 활인검(活人劍)을 쓰는 물의 문명시대를 열 수 있으므로 결과적으로는 살인검이 곧 활인검이 되는 것이다. 암세포를 도려내는 것이 곧 전체 생명을 살리는 길이 되는 것과 같은 원리이다.

4

인성교육을 위한 한선원의 역할 모색[112]

112 본 장에서 언급될 내용은 지금까지 앞에서 살펴봤던 내용들을 '한선원에서 시행할 인성교육의 제반 요소가 무엇이며, 한선원이 인성교육을 위해 어떤 역할을 해야 하는가'라는 주제에 초점을 맞추어 재정리한 것이다. 따라서 그 내용이 앞에서 언급한 것들과 중복될 수도 있을 것이다. 다만 앞에서 언급한 것들이 인성교육이 아닌 해당주제에 초점을 맞춘 단편적인 내용들이었다면, 여기서는 인성교육에 관한 본서에서 지금까지 논의한 것들을 종합적으로 고찰하는 장이 될 것임을 밝혀둔다.

1. 한선원이 배출할 인간상과 그 역할

경의敬義의 실천과 출처관出處觀을 강조하였고 누구보다도 불의와 부정부패를 미워하고 정의로운 사회를 희구하였던 조식 선생이 이 시대에 살고 있다면 그는 과연 이 시대를 어떻게 진단하였을까? 그리고 어떠한 처방전을 제시하였을까?

그는 틀림없이 이 시대를 '위기의 시대'로 진단하였을 것이다. 그가 55세 때인 명종 34년1555 단성 현감직을 사직하면서 임금에게 올린 을묘사직소乙卯辭職疏에서 묘사하였던 "벌레가 진액을 다 갉아 먹어서 겉만 멀쩡해 보이는 속속들이 병든 큰 나무"[113]와 같은 나라로 우리나라가 변해 가고 있으며, 이대로 두면 정말 감당 못할 큰 위기가 닥쳐와서 우리가 신봉하는 자유민주주의 체제가 무너질 수도 있다는 경고음을 분명히 울렸을 것이라고 생각한다.

이런 상황 속에서 2015년 7월 21일부터 「인성교육진흥법」이 발효되어 현재 인성교육이 강조되고 있고, 2016년 9월 28일부터는 「부정청탁 및 금품 등 수수의 금지에 관한 법률」 일명 '반부패법'이라고 할 김영란 법이 발효되었다. 이는 강제력을 가진 법을 적용하지 않으면 사회의 양심과 기강이 유지되지 못할 정도로 우리의 인문·사회 환경이 열악하다는 반증이다. 그런데 아무리 법의 취지가 좋아도 그것을 운용할 의지를 지닌 인간이 없다면 그것은 무용지물無用之物이기 십상이다. 이렇게 볼 때 이 시점에서 우리가 주목하게 되는 것은 조식 선생의 실천적인 선비문화를 계승하고 확산하기 위한 요람이 될 한선원이 준공되어

113 조식/경상대학교 남명학연구소(1995), 445쪽, "比如大木, 百年蟲心, 膏液已枯."

서 출범하였다는 사실이다. 여기서 우리는 한 가닥 희망의 빛을 발견하게 되는 것이다.

부정부패와 타협하거나 이에 물들지 않고 이를 척결할 의지를 가진 인성이 바로선 인간상의 지속적인 배출! 그리하여 개인의 성공은 물론이고 국가의 성공에 기여하도록 하는 것이야말로 이 두 법이 발효되는 시대에 본격적으로 출범의 닻을 올리고 항해를 시작한 한선원이 감당해야 할 몫이 아니겠는가?

이 시점에서 한선원이 최우선적으로 관심을 가져야 할 일은 「인성교육진흥법」의 취지를 살려서 제대로 된 인성교육을 시행하는 일이다. (그것은 곧 김영란 법의 취지를 제대로 살리는 길이기도 하다.) 이렇게 하는 데 이곳 한선원은 천혜의 조건을 두루 갖추고 있다. 천왕봉이 조망되는 웅장한 지리산록의 덕천 강변에 자리 잡은 한선원과 그 일원은 가히 **'남명학의 메카'**로 불릴 정도로 조식 선생이 남긴 발자취를 그 어느 곳에서보다도 생생하게 느낄 수 있다. 최근에 와서 많은 관광객들을 끌어모으고 있는 청학동의 선교仙敎 문화권, 그리고 화개동천과 악양의 범불교문화권, 남사 예담촌의 양반 문화권과도 이웃하고 있어서 앞으로 세월이 가면 갈수록 보다 더 많은 탐방객들이 이곳을 찾게 될 텐데, 만약 이러한 좋은 조건을 제대로 활용하지 못하면 그것은 후학으로서 선현先賢에게 머리를 들 수 없는 일이 될 것이다.

앞으로 우리는 이처럼 좋은 인문·자연환경을 두루 갖춘 이곳 한선원에서 인성교육을 통해 어떤 인간상을 배양해 내야 할 것인가?

이 나라에 새 바람을 불러일으킬 인간상의 배출이 절실히 요청된다. 한선원은 **'이 시대의 조식 선생, 현대판 조식'**의 배양과 육성을 그 목표로 삼아야 할 것이다. 그는 어떤 인간상으로 묘사될 수 있는가? 이 시대의 조식은 달리 말하면, 청수清粹하고 충실充實한 기운을 지닌 청렴清廉하고 유능有能한 인간상이요, 문무겸비지사文武兼備之士요, 야성野性적 지성인知性人이며, 창의성과 리더십을 두루 갖춘 창의적 리더라고 하겠다. 그를 '참 선비'라고 불러도 좋을 것이다.

이 인간상을 어떻게 명명하건, 그는 의기義氣, 곧 의로운 기운을 지니고 의를 실천하는 인물이라고 봐야 할 것이다. 다만 그가 강조하는 행의行義 곧 의의 실천은 이상적인 정치인 왕도정치王道政治 곧 덕치德治와 예치禮治를 직접 겨냥하였다는 사실에 주목할 필요가 있다. 이 점은 그의 만년 저작인 「신명사도」에 잘 드러나고 있다.[114] 이는 그의 관심이 이황을 비롯한 성리학자들의 수기修己 중심에서 벗어나 치인治人의 영역까지 포괄하는 것임을 말해 주는 것이다. 그의 학문을 실용실사實用實事적인 학문인 실학實學과 연결해 보는 까닭이 바로 여기에 있다고 하겠다.[115]

이곳 한선원이 조식의 정신을 제대로 계승한 현대판 조식들을 성공적으로 제대로 많이 배출할 때, 이들이 우리나라 도처에 포진하여 새 바람을 불러일으킨다면 기왕에 마련된 생존의 조건을 바탕으로 우리나라는 법질서와 기강이 바로 선 나라가 될 것이요, 아울러 과거 오랫

---

114 「신명사도」를 보면 경(敬)이 천덕(天德)과 왕도(王道)를 포괄하고 있다. 천덕은 내성(內聖)과 연결되므로 수기(修己)의 영역이고, 왕도(王道)는 외왕(外王)과 연결되므로 치인(治人)의 영역이다. 이때 왕도–외왕–치인과 연결되는 경은 좀 더 엄밀하게 말한다면 조식에게는 거경성찰(居敬省察)이고 따라서 이는 행의(行義)를 가리킨다고 하겠다. 이에 비해 천덕–내성–수기와 연결되는 경은 거경함양(居敬涵養)에 해당된다고 봐야 할 것이다. 이는 거경함양과 거경성찰이 수기의 완성을 기하는 이황을 비롯한 성리학 일반과는 다른 입장이라고 할 수 있다.

115 여기 대해서는 손병욱(2015②), 238쪽, 각주 8에서 상세하게 설명한 바 있다.

동안 이 땅에서 삶을 영위해 온 우리 한국인들이 몽매에도 꿈꾸어 왔던 비원悲願인 **'강하면서도 선한 문화국가文化國家'**로 바뀌어 나갈 수 있을 것이다. 그리하여 진리에 바탕을 둔 고급문화를 끊임없이 창출함으로써 우리 자신을 행복하게 하고 나아가 온 인류를 행복하게 하는 위대한 국가로 발돋움할 수 있을 것이다. 제대로 된 통일한국도 이런 인간상의 주도에 의해서만 도래할 수 있으리라고 본다.

2. 한선원 인성교육 프로그램이 담아야 할 핵심적인 내용

앞으로 한선원은 이런 인간상을 배출하는 요람, 둥지가 되어야 한다. 궁극적으로는 이런 인간상 배양을 목표로 삼아서 이곳을 찾는 모든 이들을 위해 연령별, 직업별, 수준별에 따라 장·단기간으로 시행되는 각종 인성교육 프로그램을 마련해야 할 것이다. 나아가 개인에 따른 맞춤형 교육도 가능하도록 해야 한다. 그리하여 한선원에 왔다 간 사람들이 이곳에서의 인성교육을 통하여 환골탈태換骨奪胎의 계기를 마련함으로써 새로운 인생, 성공하는 삶을 살 수 있게 되었다고 증언證言할 수 있도록 해야 할 것이다. 만약 이렇게 할 수 있다면 이곳 한선원을 거쳐 간 이들은 스스로도 이곳에 또 와 보고 싶어 하고 주변의 지인들에게도 한선원 인성교육 프로그램에 꼭 참여해 보도록 권유하게 되리라고 본다.

그러자면 그 프로그램의 대강大綱이 어떠해야 하는가? 여기서 학습자가 누구건, 절대 빠뜨릴 수 없는 최대공약수적인 내용, 그러면서도 한선원이 아니면 배울 수 없는 특화된 내용이 무엇이어야 할까? 이런 문제의식을 바탕으로 그 핵심적인 요소들을 열거한다면 대략 다음과 같이 말할 수 있다.

1) 한선원에서 시행하는 인성교육의 목표는 **성공하는 인생을 살자면 어떻게 해야 하는가, 어떠한 역량과 심성을 갖추어야 하는가**에 초점을 맞추어야 하리라고 본다. 정상적인 사람이라면 누구나 다 강렬하게 희구하는 인생의 성공과 이곳에서의 인성교육이 밀접한 관련성을 지녀야 한다는 것이다.

인성교육이 인생의 성공과 무관하다면, 아무리 좋은 인성을 갖추는 것이 중요함을 강조하더라도 그것은 그다지 설득력이 강하지 못할 것이다. 따라서 성공하는 인생을 사는 것과 좋은 인성을 갖추는 것이 이른바 두 길two track이 아니라 선택의 여지가 없는 한 길one track, 一道임을 제대로 인식하도록 하는 것이 매우 중요하다.[116]

2) 성공하는 인생을 살자면 어떻게 해야 하는가? 하고자 하는 어떤 일 곧 삶의 궁극적인 목표인 지향처志向處를 제대로 정립한 뒤에, 여기에 도달하면 된다. 지향처에 도달하자면 어떻게 해야 하는가? **'언제나 제자리에서 제 할 일 할 줄 아는 삶'**을 살면 된다. 이런 인간상이 곧 창의성과 리더십을 갖춘 **'창의적 리더'**요 **'참 선비'**이다. 따라서 이러한 인간상이 되기 위한 방안을 제시할 수 있어야 할 것이다.

---

116 예컨대 인성을 지성(知性)과 분리해서 보거나 인성을 창의성(創意性)과 분리해서 설명하려는 입장을 취하는 학설은 인성개념을 매우 협의(狹義)로 보는 것이기에, 본고에서 말하는 인성교육 개념과는 부합되지 않는다고 하겠다.

3) 참 선비의 첫 걸음은 삶의 목표인 지향처志向處를 제대로 정립하는 일이다. 바람직한 지향처이기 위해서는 앞에서 누누이 강조하였듯이 시대성, 공공성, 전문성, 과업지향성의 조건을 충족해야 한다.[117] 이곳에 와서 교육을 받은 학습자들은 각자 제대로 된 지향처, 곧 한 가닥 실현 가능한 푸른 꿈을 가슴에 품고 귀가歸家할 수 있도록 해야 할 것이다.

4) 다음으로는 스스로 정립한 지향처에 도달하려고 하는 강렬한 의지와 집념을 갖도록 하는 일이다. 이런 사람을 일컬어서 **'어떤 일을 하고자 하는 의지와 기개氣慨를 갖춘 지기지사'**라고 한다. 지기지사는 그 기운이 청수清粹하기에 청렴清廉하다. 앞에서 언급했듯이 그는 유혹誘惑에 강한 것을 포함한 5가지 심성구조상의 특징을 지닌다.[118] 특히 유혹에 강한 것이야말로 청렴함의 핵심이다.

참 선비의 입문적入門的 인간상인 지기지사가 되자면 **집중력[定力]**과 **의지력[願力]**이 필요하다. 이 힘은 아무리 많아도 문제가 생기지 않는다. 많으면 많을수록, 크면 클수록 좋다. 이 힘은 마치 **'철이 산업의 쌀이듯이 모든 정신문화의 쌀'**이라고 할 수 있다. 바람직한 인성人性치고 이 힘을 바탕으로 하지 않는 것은 아무 것도 없다. 지성知性, 야성野性, 감성感性, 영성靈性, 덕성德性 등 모든 인성은 이 집중력[의지력]을 기초로 하여 나온 산물이다.

이 집중력[의지력]의 중요성을 자각하고 이를 배양하기 위한 가장

117 손병욱(2016), 152-154쪽.

118 손병욱(2016), 141-144쪽. 본서 68쪽 참고 바람.

효과적인 방법을 익힐 수 있도록 해야 할 것이다. 그 방법으로는 조식이 평소 즐겨 수행하였던 정좌수련을 들 수 있다. 정좌수련은 경敬의 체용體用 가운데서도 그 체體라고 할 거경함양居敬涵養을 위한 가장 수승殊勝한 방법이다.

조식은 심식상고心息相顧를 강조하였다.[119] 이것은 날숨과 들숨을 알아차리면서 정신을 집중하는 일종의 호흡명상이다. 이 호흡명상을 제대로 할 줄 알면 거경함양을 통해서 이 두 가지 힘, 곧 집중력[의지력]을 충분히 확보할 수 있을 것이다. 이 호흡명상에 의한 집중력[의지력] 배양과 활용은 그대로 불교적 깨달음으로 가는 길이라는 점도 간과할 수 없다.[120] 이에 한선원 내에 **정좌수련실 내지는 명상실**을 최우선적으로 마련해야 할 것이다. 또한 동적動的인 명상인 걷기명상을 병행하되, 이를 위해서는 주변의 지리산 둘레길을 활용할 수 있으리라고 본다.

5) 지향처를 향해서 나아가려는 의지와 집념 곧 집중력[의지력]을 충분히 배양하여 지니고 있더라도 실지로 나아가기 위해서는 어두운 곳을 밝히고 막힌 곳을 뚫을 수 있어야 한다. 여기에는 지력知力과 기력氣力곧 지성과 야성의 힘이 필요하다. 이것은 **창의성의 바탕**이 된다. 아울러 나 혼자서가 아니라 조직 공동체 구성원 모두와 함께 공동의 지향처를 향해서 나아가기 위해서는 남을 포용하고 남과 친화하며, 남과 어울리기 위한 정감력情感力 곧 감성感性능력이 필요하다. 이것은 **리더십의 바탕**이 된다. 이처럼 창의적 리더는 지기지사를 넘어선 인간상이다.

119 손병욱(2015②), 241쪽, 주석 14)의 내용을 참고하기 바람.

120 손병욱(2015②), 241쪽.

청렴함에만 그치지 않고 유능함을 확보한 청렴하면서도 유능한 인간상이다. 지기지사 단계를 거쳐야만 창의적 리더의 정신경지에 도달할 수 있다. 앞에서 언급했듯이, 창의적 리더는 지기지사의 5가지 심성구조상의 특징에 더하여 4가지 특징을 추가적으로 갖는다.[121]

조식의 용어로 말한다면 창의적 리더는 곧 처사處士 그것도 참 선비이다. 이 삼대력의 배양과 활용으로 '제 할 일 하는 것'을 조식은 주경행의主敬行義 중 행의로 표현하였다. 이 행의는 두 가지를 겨냥한다. 하나는 호연지기浩然之氣를 길러서 대장부大丈夫가 되는 것이고, 다른 하나는 지향처에 도달함으로써 성공하는 삶을 사는 것이다.

이에 창의성과 리더십을 갖춘 창의적 리더로서의 참 선비, 곧 이 시대의 조식이 되기 위해서는 지력·기력·정감력의 삼대력三大力을 제대로 배양하고 활용할 수 있어야 한다. 이에 그 중요성을 자각하고 그 배양방법을 제대로 제시할 수 있는 프로그램이 제시되어야 할 것이다.

6) 개인의 성공은 국가 공동체의 성공과 밀접불가분한 관계를 지닌다. 개인이 성공하기 위해서는 지향처가 필요하듯이, 개인의 운명에 지대한 영향을 미치는 국가가 성공하기 위해서는 국가 공동체의 목표인 미래 비전이 필요하다. 필자가 제시한 '**강하면서도 선한 문화국가**'는 그대로 조식이 꿈꾼 세상이라고 할 수 있다.[122] 한국인 개개인의 지향처는 그것의 추구가 한국의 미래 비전 실현에 기여할 수 있도록 설계되어야 한다. 이렇게 하는 것이야말로 이 시대 최고의 의로움의 실천[行義]이

121 본서 68쪽에서 지기지사의 5가지 특징을, 70쪽에서 창의적 리더의 4가지 특징을 각각 소개한 바 있다.

122 손병욱(2016), 147–149쪽.

다.

이처럼 국가 공동체의 미래 비전을 앞세우고 그것의 달성을 강조하는 것은 '전체주의 내지 국가주의의 잔재가 아니냐? 개인의 개성과 자유를 억압하고 제한함으로써 자유민주주의에 역행逆行하는 잘못된 길로 나아가는 것 아니냐?' 이런 부정적인 시각이 있는 것 같다. 여기서는 왜 그렇지 않은지를 설명하겠다.

우리는 과거 일제 강점기, 특히 천황 중심의 전체주의 시대를 겪으면서 많은 시달림을 받았던 경험이 있다. 이때 일제가 강조하였던 것이 멸사봉공滅私奉公이었다. 국가를 대표하는 천황을 봉공奉公해야 할 대상으로 보고 천황의 의도를 달성하기 위해서 개인의 개성과 자유를 말살하였던 것이다(과거 한국 역대 왕조의 전제군주시대, 현재 북한의 수령독재체제 역시 마찬가지이다). 이제 멸사봉공의 시대는 끝났다. 그러나 국가는 여전히 존재하고 있고 국가가 개인의 삶에 미치는 영향은 여전히 지대하다. 그렇다면 개인의 개성을 존중하면서 국가 공동체의 번영을 꾀할 수 있는 길은 없을까? 이러한 문제에 메시지를 줄 수 있는 말이 **활사개공活私開公**이다.

이때 활사活私는 개인의 개성과 특기를 살려서 스스로 설정한 지향처를 추구해 나가는 것이라면, 개공開公은 국가 공동체의 미래 비전을 달성해 나간다는 의미라고 할 수 있다. 이 활사개공이야말로 개인도 성공하고 국가 공동체도 성공할 수 있는 획기적인 방안이다. 따라서 앞으로 이곳 한선원에서는 개인의 성공이 곧 국가 공동체의 성공과 하나로 통하는 길을 제대로 걸어갈 수 있는 **활사개공형活私開公型 인간상**을 배출하도록 해야 할 것이다. 이 인간상은 늘 '강하면서도 선한 문화국가'를 염두에 두고 자기의 지향처를 추구하기 마련이다.

7) 한선원에서는 위기의식危機意識을 제대로 지닌 창의적 리더를 육성하도록 해야 할 것이다. 리더에게 자기 시대가 위기 상황이라는 의식이 강렬해야 (국가) 공동체가 제대로 발전해 나갈 수 있다. 사실 역사상 어느 때라도 위기가 아닌 적이 없었다. 리더가 자기 시대가 위기라고 인식하는 순간 태평성대가 열리고, 자기 시대가 태평성대라고 생각하는 순간 위기가 싹트는 법이다. 당시 조식이 지녔던 위기의식을 임금인 명종이나 선조가 지니고 있었다면 참혹한 국난인 임진왜란은 미연에 방지할 수 있었을 것이다.[123] 그렇다면 어째서 조식은 당시의 위기 상황을 제대로 꿰뚫어 볼 수 있었을까?

위기의식은 무의식武意識과 통하고 무의식은 항재전장恒在戰場의식과 통한다는 사실에 주목할 필요가 있다. 조식은 숭문천무崇文賤武의 시대를 살면서 무武의 중요성을 깊이 인식하고 있었다. 병법서兵法書에 대한 연구가 깊었다.

이처럼 위기의식의 바탕이 되는 무의식과 항재전장의식은 어떻게 형성되는가? 그것은 신체단련 특히 무예수련武藝修練을 통해서 제대로 길러진다고 하겠다. 역사적으로 본다면 김유신의 검도수련劍道修練, 이순신의 궁도수련弓道修練이 그들에게 항재전장의식 내지 위기의식을 갖게 함으로써 국난을 극복하도록 해 주었던 것이다.[124] 조식 역시 예외가

123 손병욱(2015②), 262쪽.

124 김유신의 검도수련에 대해서는 『화랑세기』, 『삼국사기』, 『삼국유사』에 그 내용이 나온다. 『삼국사기』, 열전, 김유신(상)에서는 건복34년(612년)에 검을 갖고 인박산(咽薄山) 골짜기에 들어가서 고천기도(告天祈禱)한지 3일이 지난 밤에 검이 별빛에 영험(靈驗)을 보였다는 기록이 나온다. 『삼국유사』, 김유신 조에서는 "나이 18세에 이르러, 검술을 연마해서 국선이 되었다[年至十八, 修劍得術爲國仙]"라고 하였다. 이순신의 경우, 그의 『난중일기』에 가장 많이 등장하는 것이 활쏘기 관련 기록이다.

아니다. 그가 지닌 **'칼의 정신'**이야말로 위기의식의 핵심이다.[125]

이에 이곳에 오는 학습자들에게 위기의식의 중요성을 강조하고, 이를 위해서 무예수련을 통해 무의식을 형성하도록 인도해야 할 것이다. 물론 군자육예君子六藝라고 일컬어지는 예禮·악樂·사射·어御·서書·수數를 다 배워야 하겠지만, 그 중에서도 자칫 소홀하기 쉬운 무예에 속하는 사·어射御 곧 활쏘기와 말 타기를 이곳에서 배울 수 있도록 해야 한다. 마침 현실적으로 보더라도 활쏘기와 말 타기는 신체단련을 위해서 활용도가 높고 배우기가 비교적 용이한 무예이다. 이를 위해서 궁도장弓道場과 치마장馳馬場을 건립하여 운용할 필요가 있으며, 이때 주변의 지리산 둘레길은 걷기명상과 함께 치마장으로도 활용될 수 있을 것이다.

8) **위기의식을 지닌 창의적 리더**라면 지금 현재 우리 사회가 총체적 위기에 직면하고 있음을 직시해야 할 것이다. 현대 우리 사회가 처한 위기 상황을 좀 더 자세히 들여다보면 거기에는 개인적 위기, 가정적 위기, 정치적 위기, 사회적 위기, 국가적 위기가 있을 수 있다. 각 위기의 구체적인 실상이 무엇인지, 어떻게 하면 이러한 위기 상황을 극복하여 도리어 위기를 기회機會로 바꿀 수 있을 것인가에 대해서 충분한 인식을 할 수 있도록 해야 한다.[126] 그래야만 제대로 자기 갈 길을 갈 수 있고 성공하는 인생을 살 수 있을 것이기 때문이다.

125 손병욱(2015②), 263쪽.

126 정우락 외(2015), 216-219쪽.

9) 창의적 리더로서 성공하는 삶을 살기 위해서는 좋은 습관을 형성해야 한다. 이에 바람직한 일과표 모델을 제시하고 각자 스스로 자기의 지향처를 염두에 두고 금계禁戒와 권계勸戒가 반영된 가장 이상적인 일과표를 작성하게 한 뒤에, 그것을 습관화할 수 있는 방법을 강구하도록 한다.

여기에는 집중력[의지력] 배양을 위한 호흡명상법, 지력·기력·정감력의 삼대력 배양을 위한 방법, 일기 쓰기 등이 반영되도록 해야 할 것이다. 이때 습관화의 핵심은 가깝고 쉬운 것에서 멀고 어려운 것으로 나아가는 데 있음을 알게 하고, 3·7[21]의 법칙에 의해서 가장 효율적으로 습관화의 길을 갈 수 있음을 인식시킬 필요가 있을 것이다.[127]

이러한 금계와 권계의 습관화, 생활화는 성공하는 삶에 필수적인 **자신감自信感**을 갖도록 해 준다는 점에 주목할 필요가 있다. 자기 자신과의 약속을 지키는 데서 우러나오는 자신감이야말로 온갖 어려움을 헤쳐 나갈 수 있는 비결秘訣일 뿐만 아니라 남으로부터 신뢰를 획득할 수 있는 가장 확실한 길이다. 이에 **습관화 교육**이 인성교육에서 차지하는 비중이 대단히 높음을 알 수 있다.[128]

10) 이곳에서의 교육은 일방적인 주입식 교육이 아니라 활발한 질의-응답이 수반되는 토론식 강의와 교육이 되도록 해야 할 것이다. 특히 바람직한 인성 가운데 창의성은 제대로 된 문제의식에서 싹트는 것임을 감안하여, 앞으로 이곳에서 교육받은 이들은 질문하기를 좋아하고 나아가 제대로 질문할 줄 아는 사람이 되도록 하는 방안이 프로그

127 손병욱(2013①), 95쪽.

128 손병욱(2018①), 252-253쪽.

램에 반영되어야 할 것이다.[129]

11) 조식의 저술 중 인성교육과 관련하여 가장 주목되어야 할 것은 그의 만년 저작인 「신명사도」이다. 이것이 이 시대에 주는 함의는 다대多大하다. 필자는 「신명사도」와 이를 부연한 명문銘文이야말로 **'언제나 제 자리에서 제 할 일 할 줄 아는 창의적 리더의 심성구조心性構造'**를 잘 드러내고 있다고 본다. 아울러 국가 지도자가 위기의식을 지니고 각종 유혹誘惑을 이겨 내서 덕치德治를 해야만 우리가 꿈꾸는 이상향인 **'강하면서도 선한 문화국가'**가 달성될 수 있음을 역설하고 있다고 본다.

이 「신명사도·명」은 **성공하는 삶**을 영위함으로써 바람직한 인성을 함양하려고 하는 사람이라면 누구나 다 깊이 천착해 봐야 할 가치를 지니고 있다. 따라서 이곳에 온 학습자들에게 이에 대한 강의가 꼭 필요할 것이다. 아울러 앞으로 한선원 내에 신세대들의 구미에 맞추어 게임game을 통해서 이 「신명사도」의 원리를 학습할 수 있는 설비를 갖출 것과 이것을 만화화, 애니메이션화하는 것이 매우 중요함을 다시 한 번 역설하고자 한다.

12-1) 조식은 유학자로서 이황이나 율곡 이이栗谷 李珥: 1536~1584 등 동시대의 유학자들과 공유하는 점이 많다. 『소학』적 실천과 경을 강조하고 정좌수련을 즐겨 하며 유교의 이상적 인간상인 성인·군자·대장부를 지향하는 것 등을 그 대표적인 사례로 들 수 있다. 그렇다면 조식에게만 독특한, 다른 곳과 차별성을 갖는 이곳 한선원만의 특성이

129 이와 연관하여 손병욱(2015①), 30-34쪽 참조 바람.

있는가? 있다면 그것이 무엇인가? 이 점은 사람들에게 **'인성교육을 제대로 받으려면 이곳으로 오라'**고 자신 있게 말하기 위해서도 반드시 챙겨봐야 할 사항이다.

조식은 유학의 테두리에만 머무르지 않았다. 그에게는 도가, 불교사상은 물론이고 우리의 고유사상의 범주에 속하는 화랑풍월도 등과도 연계될 수 있는 요소가 많다. 그렇기에 이 다양성의 시대를 사는 우리들에게 조식의 정신세계는 많은 시사를 줄 수 있는 것이다. 앞으로 이곳 한선원에서의 인성교육에서는 이런 측면에 주목해야 하리라고 본다.

12-2) 이 시점에서 우리는 조식의 사상이 신라의 화랑花郎정신과 연결되고 있음에 주목할 필요가 있다. 특히 크게 삼변三變한 신라 화랑제도 가운데서도 '도의道義 위주의 화랑제도'를 형성하는 데는 가야파의 역할이 지대하였다. 『화랑세기』를 통해서 보면 화랑조직인 낭도부곡郎徒部曲을 만든 8세 풍월주 문노文弩: 538~606는 지금의 합천·고령 지방에 있었던 대가야 왕실의 외손外孫으로서 대가야에 대한 자부심이 강했고 아울러 검도劍道의 대가였다. 문노를 높이 평가하고 그 정신을 계승한 15세 풍월주 김유신金庾信: 595~673은 지금의 김해 지방에 있었던 금관가야 왕족 출신으로서 역시 검도를 매우 중시하였다.

문노와 김유신을 빼고 신라의 화랑[風月]을 이야기할 수 없다. 이들은 신라의 삼국통일을 뒷받침한 도의 위주의 화랑제도 가운데서도 의義 위주의 무도武道, 특히 검도를 닦아서 의기義氣를 배양하여 행의行義하려는 화랑의 전형典型이었고, 이 무도야말로 화랑정신을 뒷받침하는 이

념인 풍월도風月道 일명 선교仙敎의 핵심이었다.[130]

이들 화랑이 지켜야 할 계율이 바로 충 중심의 효[忠的孝]와 무용武勇을 강조한 세속오계世俗五戒였다. 이 세속오계를 한 마디로 요약하면 그것은 의義가 된다.[131] 따라서 화랑이 가장 중요시한 덕목은 단연 의義였던 것이다.

가야 문화권에서 태어나 의령, 김해, 삼가, 덕산 등 가야 문화권에서 삶의 대부분을 영위한 조식 역시 의를 강조하고 검을 사랑하였다. '칼의 정신'은 일도양단一刀兩斷에 있으며 이것은 불의不義를 추호도 용납하지 않으려는 의義를 그 핵심으로 삼는다고 볼 때, 조식의 '외단자의外斷者義'는 그대로 화랑의 무도와 연결되는 것이다.

그뿐만 아니라 화랑은 '국가가 위기에 처하면 자기의 모든 것을 바쳐서 헌신·봉사하지만, 위기 상황에서 벗어나면 일체의 공치사를 바라지 않고 깨끗이 물러나서 자연과 더불어 유유자적하는 삶을 영위'하려고 하였다. 이 속에는 세속적이고 입세간入世間적인 가치와 탈세속적이고 출세간出世間적인 가치가 동시에 들어 있다. 이 중 탈세속적이고 출세간적인 가치를 중시하는 인간상을 일컬어 신선神仙이라고 하는데, '우주의 맑고 으뜸가는 기운 곧 우주청원지기宇宙淸元之氣'를 배양하여 득도得道하는 일에 관심을 가졌다. 도道 위주의 선도仙道가 바로 이것이다.

임진왜란 때 창의기병倡義起兵하여 국난극복에 헌신한 뒤, 전쟁이 끝나자 은퇴의 길을 택한 조식의 문인들 가운데서도 곽재우는 신선을 지

130 선교(仙敎)의 특징에 대해서는 손병욱 외(2013①), 101-102쪽의 내용을 참고하기 바람.
131 이에 비해서 유교의 오륜은 그것을 한마디로 요약하면 인(仁)이 될 것이다.

향한 대표적인 인물이었다. 남명학파가 보이는 이러한 특징은 조식이 이어받은 가야파의 정화인 화랑의 정신과 무관하지 않다고 생각된다.

우리는 이곳에서 **창의적 리더인 현대판 조식**을 배출함에 화랑제도, 화랑정신 가운데서도 다음의 세 가지에 주목해야 할 것이다.

첫째, **'형제애兄弟愛가 넘치는 동지同志 조직'**으로서의 특징이다. 화랑 조직이 지닌 강력한 힘의 비결이 바로 여기에 있었다. 그것은 제대로 된 지향처를 공유한 뒤, 인정[情]과 의리[義]의 덕목을 동시에 추구함으로써 가능하였다는 사실에 주목할 필요가 있다. 창의적 리더라면 반드시 자기 조직체를 이런 조직으로 만들어야 하며, 이곳 한선원에서는 학습자들에게 그 비결을 제대로 전수할 수 있어야 할 것이다.[132]

둘째, 화랑은 기본적으로 무사武士였지만 문文과 예藝의 측면도 함께 연마함으로써 문文·무武·예藝를 두루 갖춘 전인全人 내지는 문무겸비지사, 출장입상형出將入相型의 인간상을 지향하였다는 점이다.[133] 이는 숭문천무의 시대에 살면서 무의 중요성을 인식한 조식이 스스로 무의식武意識을 지닌 문무겸비지사이고자 하였다는 사실에 비추어 남북통일의 전야기를 사는 우리들에게 많은 시사를 준다고 하겠다.

셋째, 『삼국사기』에 나오는 "무리들이 구름같이 모여서 혹은 서로

---

132 여기에 대하여 많은 시사를 줄 내용이 김대문/이종욱(2009), 8세 문노 조, 117-139쪽에 상세하게 나온다.

133 화랑이 문무겸비지사(文武兼備之士) 내지 출장입상형(出將入相型)의 인간상이었음은 김대문/이종욱(2009), 『화랑세기』 서문에 나오는 "현명하고 충성스러운 신하가 화랑으로부터 나왔고, 훌륭하고 용감한 장수와 병사가 역시 화랑으로부터 배출되었다[賢佐忠臣, 從此而秀, 良將勇卒, 由是而生]"에서 잘 드러나고 있다. 또한 같은 책의 6세 세종, 24세 천광공 조에서도 '출장입상'이라는 말이 나온다. 아울러 11세 하종 조를 보면 당시 화랑들이 문과 과목으로는 역사[史]를 배우고, 무과 과목으로는 검(劍)을 배웠으며, 예능과 관련해서는 노래[歌]와 춤[舞]을 배웠음을 알 수 있다.

도의로써 연마하고, 혹은 서로 노래와 음악으로써 즐겼으며, 산수 간에 노닐어서 아무리 멀어도 가 보지 않은 곳이 없었다"[134]는 언급에 주목하여 그 정신을 되살리는 일이다. 여기에는 대략 3가지의 의미가 들어 있다.

① 긴장과 발산, 조임과 풀림의 정신이다. 도의를 연마하는 것은 긴장이고 조임이라면, 노래와 음악[歌樂]을 즐기는 것은 발산이고 풀림이다. 개인이건 공동체건 긴장–발산–긴장–발산의 반복을 통해서 그 역량을 키울 수 있다. 다만 순서에 있어서 긴장이 발산보다 먼저라는 사실을 잊지 말아야 할 것이다.[135]

② 공동체 정신이다. 긴장과 발산을 혼자서 하는 것이 아니라 함께 한다는 사실이다. 국선 화랑[仙花]들은 조직 공동체 구성원인 낭도郎徒와 함께 긴장[相磨]하고 함께 발산[相悅]하였던 것이다. 함께 긴장하면 그 조임이 훨씬 수월할 것이고, 함께 발산하면 그 풀림이 더욱 즐거울 것이다. 이때의 발산과 풀림은 그대로 다음 번 긴장과 조임을 위한 쉼과 휴식, 그리고 재충전再充電의 기회가 될 수 있다. 화랑도花郎徒는 이러한 '함께 긴장하고 함께 발산하기'의 반복으로 조직 공동체의 힘을 길러서 그 힘으로 삼국통일의 문을 열 수 있었던 것이다.

③ 그 교육이 매우 역동적力動的이고 자연친화적自然親和的이었다는 점

134 김부식, 『삼국사기』, 「신라본기」, 진흥왕 37년 조, "徒衆雲集, 或相磨以道義, 或相悅以歌樂, 遊娛山水無遠不至."

135 이와 관련하여 『예기(禮記)』, 「잡기하(雜記下)」에서는 "긴장만 하고 발산하지 않는 것은 문왕과 무왕이 할 수 없었고, 발산만 하고 긴장하지 않는 것은 문왕과 무왕이 하지 않았다. 한 번 긴장하고 한 번 발산하는 것이 문왕과 무왕이 걸어간 길이었다[張而不弛, 文武弗能也, 弛而不張, 文武弗爲也. 一張一弛, 文武之道也]"라고 하였다. 주(周)나라의 문왕과 무왕이 성군(聖君)이 될 수 있었던 비결이 '긴장과 발산'에 있었음을 알 수 있다.

이다. 화랑도가 한 곳에 머무르지 않고 옮겨 다니면서 교육과정을 소화하였음은 사절유택四節遊宅이라는 말에서도 확인된다.[136] 아울러 자연과 친화하는 교육을 받음으로써 자연의 소중함과 함께 국토애호정신國土愛護精神을 기를 수 있었다.

이곳 한선원의 인문·자연환경은 현대판 화랑도 교육을 시행하기에 더없이 좋은 조건을 지니고 있다고 할 수있다. 우람한 지리산과 풍광명미風光明媚한 남해, 그리고 지리산이 품은 다양한 문화권들을 활용할 수 있기 때문이다. 그리하여 가야문화에 뿌리를 두고 형성된 화랑도의 의義의 정신을 되살려서 무의식武意識을 지닌 문무겸비지사, 현대판 화랑이자 '이 시대의 조식'들을 이곳에서 지속적으로 배출해야 할 것이다. 이렇게 함으로써 이들이 남북통일의 문을 주도적으로 열어 나갈 뿐 아니라 통일 이후까지도 책임을 지고 우리나라를 진정 '강하면서도 선한 문화국가', 정말 세계가 우러르는 위대한 국가로 만드는 데 핵심적인 역할을 다할 수 있도록 해야 할 것이다.

13) 가슴에 꿈을 품고 힘을 길러서 참된 진리를 추구하자는 말이 있다.[137] 이러한 **꿈·힘·참**이야말로 그대로 이곳 한선원에서 시행할 각종 인성교육의 지표가 되어야 하리라고 본다.

이곳에서의 인성교육을 통해서 각자 제대로 된 지향처를 정립함으로써 가슴 속에 한 가닥 푸른 꿈을 품을 수 있고, 이 지향처에 도달하

136 사절유택(四節遊宅)은 『삼국유사』에 나온다. "春東野宅, 夏谷良宅, 秋仇知宅, 冬加伊宅." 여기서 화랑들이 춘하추동 사계절에 따라서 장소를 옮겨가면서 수련했음을 알 수 있다.

137 안병욱(安秉煜)(1989).

는 데 필요한 집중력[의지력]·지력·기력·정감력 등 각종 역량을 배양하고 활용하는 방법을 배워 그것을 습관화할 수 있으며, 그리하여 조식이 꿈꾸었던 진리에 바탕을 둔 정의正義로운 나라, '강하면서도 선한 문화국가'를 이루는 데 주도적으로 기여할 창의적 리더가 지속적으로 배출될 수 있도록 해야 할 것이다.

이렇게만 할 수 있다면, 이곳 한선원은 이곳을 거쳐 간 많은 이들에게 제2의 고향과 같은 곳, 언제나 다시 와 보고 싶은 그리운 어머니 품속과 같은 곳으로 인식될 수 있을 것이다. 앞으로 한선원은 이곳과 인연을 맺은 이들에게 반드시 그렇게 인식될 수 있도록 각종 프로그램을 치밀하게 준비하여 완성도 높은 인성교육을 시행해야 한다.

여기서 필자는 지금까지 위에서 언급한 여러 내용들을 요약·정리하여 그것을 '성공하는 삶을 위한 인성교육 구조도'로써 한 번 제시해 보고자 한다. 그것은 다음과 같다.

성공하는 삶을 위한 인성교육 구조도[138]

관련 인성	회복탄력성(回復彈力性)	지성(知性)	야성(野性)	감성(感性)	영성(靈性)
배양할 힘	지향처를 향한 집중력[의지력]	지력(知力)	기력(氣力)	정감력(情感力)	집중력[의지력]+기력
배양 방법	호흡명상 외	독서궁리 외	신체단련	공동체 생활 참여, 음악교육	호흡명상 외+신체단련
기운상태1	청수지기(淸粹之氣)	충실지기(充實之氣)			신기(神氣) ②
기운상태2	청수·충실지기(淸粹充實之氣)=의기(義氣) ①				결기(決氣) ①+②
인간상	지기지사(志氣之士)=청렴한 인물	창의적 리더[참 선비]=유능한 인물			고사(高士)=위인(偉人)
8대 덕목과의 관련성	정직	예절	책임	효도, 배려, 존중, 소통, 협동	

- '호흡명상 외'에는 고천기도법(告天祈禱法), 원력(願力)솟대 쌓기 등이 있을 수 있다.
- '독서궁리 외'에는 독서궁리+field research:사회과학, 독서궁리+실험관찰:자연과학이 있을 것이다.
- 청수·충실지기 곧 의기(義氣)에 신기(神氣)를 더하면 결기(決氣)를 지닌 고사(高士)이다.
- 창의적 리더는 지기지사(志氣之士)를 거쳐서 고사 혹은 위인(偉人)를 지향한다.
- 고사[위인]는 회복탄력성+지성+야성+감성+영성의 5대 인성을 구비한 전인(全人)이다.
- 창의적 리더 이상(以上)이라야 '강하면서도 선한 문화국가'의 비전을 주도할 수 있다.
- 「인성교육진흥법」에 나오는 8대 덕목과의 관련성은 필자의 주관적인 견해임을 밝혀 둔다.

138 이 구조도는 손병욱(2016), 176쪽에 나온 것을 수정·보완한 것임을 밝혀 둔다.

3. 한선원 인성교육의 특징과 장점

1) 웅장한 지리산과 청정한 계곡, 산과 계곡이 형성한 덕천강과 섬진강, 그리고 풍광명미한 남해라는 천혜의 자연경관을 인성교육에 활용할 수 있을 것이다. 지리산은 우리나라 국립공원 1호이고 남해의 한려수도閑麗水道 역시 우리나라 최초의 해상국립공원으로 지정될 만큼 아름답기 그지없다.

2) 공직자를 대상으로 청렴성 교육을 실시하는 곳이 많지만 이곳에서는 청렴함의 강조에 그치지 말고 이것을 바탕으로 유능함을 확보하는 **'청렴하면서도 유능한 인간상 교육'**을 시행할 수 있을 것이다. 너무 청렴성에만 매달리다가 자칫 '청렴하지만 무능한 무사안일의 공직자'를 기를 위험성을 피하기 위해서는 청렴성+유능함을 동시에 고려하는 교육이 매우 중요하다. 이때 유능함은 청렴성을 바탕으로 가능한 것임을 분명히 할 필요가 있다.

청렴성, 유능함 여부와 관련하여 대략 3부류의 인간상을 생각해 볼 수 있다. 첫째, 청렴하면서도 유능한 인간상, 둘째, 청렴하지만 무능한 인간상, 셋째, 부패하면서 무능한 인간상이 그것이다. 흔히 생각하는 부패하지만 유능한 인간상이란 아예 존재할 수 없다고 봐야 할 것이다. 즉, 부패하면 반드시 무능할 수밖에 없다는 사실을 똑똑히 알 필요가 있다.[139]

139 손병욱(2006②), 58-59쪽의 내용을 참고하기 바람.

3) 한선원이 가야 문화권에 자리 잡고 있기에 가야문화가 지닌 특징을 살려서 이것을 인성교육에 반영할 수 있어야 하며, 그것은 '현대판 화랑교육'이 될 것이다. 『화랑세기』에 나타난 가야문화의 특징은 의義-무도武道-무도수련-의기義氣배양-의의 실천[行義]-화랑[國仙]-입세간入世間으로 요약된다.[140] 이러한 교육은 이곳에서 특화할 수 있는 내용이라고 하겠다. 이에 무예수련의 일환으로서 군자육예와도 겹치는 사射·어御 곧 활쏘기와 말 타기를 위한 교육을 시행하는 것이 매우 중요하다고 본다.

4) 우리가 위기에 처해 있다는 위기의식은 개인은 물론이고 공동체를 획기적으로 변화시킨다. 이곳에서는 우리 사회가 처한 다양한 위기의 실상을 전해 줌으로써 위기를 극복할 방안을 강구하도록 교육해야 한다. 이는 위기를 기회로 삼아 발전을 기할 능력을 길러 주는 데 기여할 것이다.

5) 조식의 만년 저작인 「신명사도」가 이 시대에 주는 메시지를 게임을 통해서 익힐 수 있는 시설물을 마련함으로써 특히 자라나는 청소년들에게 그 정신의 핵심을 용이하게 전달하도록 해야 할 것이다.

6) 다 같이 지리산 권역에 소재하는 선교仙敎 문화권, 불교 문화권과의 교류를 통해서 너무 유교교육에 매몰되지 않고 우리의 전통적인 고

140 이에 비해서 신라문화의 특징은 도(道)-선도(仙道)-선도수련-우주청원지기(宇宙淸元之氣) 배양-득도(得道)-화랑[神仙]-출세간(出世間)으로 정리된다.

유문화와 외래문화, 그리고 고유성과 외래성이 습합된 다양한 형태의 문화를 접할 수 있도록 해야 한다. 이는 조식이 도가사상과 불교사상 등을 폭넓게 수용하였던 그 정신과 맥을 같이한다.

7) 문文·무武·예藝의 전인교육을 시행해야 할 것이다. 예藝와 관련해서는 청학동 삼성궁 일원과 남사 예담촌에서 악樂·가歌·무舞를 익힐 수 있도록 한다. 한선원은 지智·덕德·체體를 두루 함양하고, 예禮와 악樂을 조화롭게 추구하는 인격교육을 시행하기에 매우 적합한 여건을 갖추고 있으므로 이 장점을 최대한 활용할 필요가 있다.

5

한선원의 학습자를 위한 인성교육 프로그램 구상

1. 교육 대상

다양한 교육 대상을 염두에 두고 그들의 특성을 고려한 인성교육을 시행하도록 한다. 그러자면 우선 그 대상을 구별할 필요가 있을 것이다. 다음과 같은 구분이 가능하다고 본다.

1) 학생

초등학생, 중학생, 고등학생 반. 특히 중학생의 경우, 2016년부터 전체 중학교에서 시행하고 있는 '**자유학기제**'를 염두에 두고, 자유학기제를 맞은 중학생들을 대상으로 제대로 된 인성교육을 시행하는 프로그램이 마련되어야 할 것이다.

2) 학부모

학생 자녀를 둔 학부모들이 자녀교육을 위해서 알아야 할 사항이 무엇인지를 교육한다.

3) 대학생

성공하는 대학 생활을 영위하고 나아가 앞으로 사회에 나가서도 성공하기 위해서 준비해야 할 사항이 무엇인지를 알려 주도록 한다.

4) 공직자

초·중등·대학 교원

초등교사, 중등교사, 대학교수 반으로 나누어 운용한다. 학생들에 대한 인성교육을 제대로 시행할 수 있는 자질을 함양하도록 하는 데 중점을 둔다.

행정직 공무원

일반 행정직 공무원, 교육행정직 공무원 등. 청렴성+유능함을 갖추어 성공하는 공직 생활을 하도록 그 길을 제시한다.

공사 등 공공기관 근무 공직자들

청렴성+유능함의 자질연마에 중점을 둔다.

경찰직 공무원

경찰은 군인과 함께 우리나라 무력武力의 또 다른 한 축을 구성하는 존재임을 염두에 두고 그 역할을 다할 수 있도록 한다. 특히 '법질서와 기강 확립의 전위조직前衛組織'으로서의 역할이 막중함을 강조한다.

검찰직 공무원

검사, 검찰직 공무원, 교정직矯正職 공무원. 검사와 검찰직 공무원의 특권의식 내려놓기와 솔선수범하기를 강조한다. 전관예우前官禮優의 잘못된 관행을 시정할 수 있는 정신자세를 강조한다. 특히 우리 사회에서 교정직矯正職 공무원의 역할이 매우 중요하므로 특별한 관심을 갖고 이들을 위한 교육을 시행할 필요가 있다. 초범初犯이 개과천선改過遷善하여 새 사람이 되느냐의 여부는 이들 교정직 공무원에게 달렸으므로, 이들은 우리 사회에서 학교 교원 못지않게 중요한 교화·감화·변화의 역할을 담당하고 있다는 자부심과 함께 그 책임이 막중함을 자각하도록 해야 할 것이다.

법원 소속 공직자

판사, 법원 소속 공무원. 특권의식 내려놓기와 솔선수범하기, 그리고 법 상식을 벗어난 판결에 대한 국민들의 불신과 거부감이 매우 강함을 역설하여, 자의적인 재판에 신중을 기할 것을 강조한다. 전관예우의 잘못된 관행을 시정할 수 있는 정신자세를 강조한다.

변호사

법조삼륜法曹三輪의 한 축으로서 지녀야 할 자세를 강조한다. 우리사회에 만연한 고소·고발건수는 인구대비 이웃 일본의 100배에 이른다고 하는데, 이대로 두고는 '강하면서도 선한 문화국가'의 실현은 요원하다. 도리어 변호사들이 고소·고발을 조장한다는 인식이 잘 못된 것임을 입증할 필요가 있다고 본다. 이에 그 건수를 줄여 나가는 데 기여하는 삶을 살 수 있도록 한다. 전관예우의 잘못된 관행을 시정할 수 있는 정신자세를 강조한다.

감사원 소속 및 각 부서의 감사 담당 공직자

우리나라에서 지금 현재 가장 시급한 것이 '법질서와 기강의 확립'인데, 그러자면 이 계통에 종사하고 있는 이들의 각별한 자각과 노력이 필요하다. 이 분야 공직자 외에도 위에서 거론한 경찰직 공무원, 검찰직 공무원, 법원 소속 공직자, 변호사에 속하는 이들이 바로 이 역할을 주도적으로 담당해야 할 사람들이므로 이들에 대한 교육이 제대로 시행될 수 있도록 해야 할 것이다.

군인

사병, 준사관, 장교 등. 위국헌신爲國獻身이 군인의 본분이며, 특히 장교들은 제대로 된 무의식武意識 내지 위기의식을 갖추어야 함을 강조하고 그 길을 제시한다. 6.25전쟁, 월남전 등 현대사 속의 우리가 치른 각종 전투에서 위국헌신한 사례 등을 풍부하게 수집하여 소개하도록 한다.[141]

입법부 공직자

국회의원, 보좌관, 국회 소속 공무원 등. 입법 활동의 중요성, 포퓰리즘populism에 빠지지 않기, 특권 내려놓기, 솔선수범하기, 남을 비판하기 전에 스스로를 돌아보기 등을 강조한다.

선출직 공직자

군의회 의원, 도의회 의원, 기초단체장, 광역단체장 등. 포퓰리즘 경계하기와 지역 주민들에 군림하지 않고 진정한 봉사자의 자세를 갖출 수 있도록 강조한다.

고위 공직자

서기관 이상의 각 기관 공직자들. 특권의식 내려놓기, 대민봉사의

141 최근 필자가 접한 한 사례를 소개하겠다. 1967년 월남전 당시 백마부대의 대대장으로 참전하였던 고 송서규(宋瑞奎) 대령(추서)의 경우이다. 11월 6일 당시 송 중령의 부대는 닌호아 2호 작전에 참여하고 있었는데, 임기를 마친 그는 후임 대대장과 함께 인수인계를 위한 시찰에 나섰다가 휘하 중대의 한 소대가 소대장의 전사로 인해서 곤경에 처한 것을 목도하게 되었다. 그러자 곧 헬기에서 내려 직접 소대를 지휘하여 진격하다가 적탄을 맞고 산화하였다. 당시 그의 나이 34세로서 귀국을 2일 앞두고 있었다. 이후 그의 5살된 어린 아들[송재용]이 아버지를 대신하여 태극무공훈장을 받았고, 그의 고향 제주도와 전남 장성 상무대에 그의 동상이 건립되었다. 위국헌신의 좋은 본보기라고 하겠다.

자세 갖추기, 청렴하고 유능함의 모범 보이기 등을 강조한다.

각종 언론 계통 종사자들

신문사, 방송국 등. 사실fact에 근거한 정확한 보도가 언론의 생명이며, 만약 허위보도를 했을 때는 응분의 책임을 져야 하며, 그렇게 될 수 있도록 시스템을 만드는 일이 중요함을 강조한다.

각종 금융기관 종사자들

올바른 금전관金錢觀을 심어 주도록 한다.

5) 사기업체 운영 및 종사자들

준법의 중요성과 올바른 사업관, 나아가 금전관을 심어 주도록 한다.

6) 탈북자 및 그 가족

7) 다문화가정에 속하는 부모와 자녀들

8) 일반인들

주부, 노인 반으로 운용함

2. 인성교육 프로그램의 시안試案 제시

1) 교육 기간별 장·단기 반 과정으로 나누기

단기 반 과정

(1) 당일 반 (2) 1박2일 반 (3) 2박3일 반 (4) 일주일 반 (5) 3주일 반

장기 반 과정

(6) 1개월 반 (7) 3개월 반 (8) 6개월 반 (9) 1년 반 (10) 3년 반

2) 단기 반 과정 중 1주일 반/3주일 반 인성교육 프로그램의 시안 제시[142]

(1) 프로그램 시안의 지침指針과 방향 제시

① 이 프로그램에 들어갈 핵심적인 내용

첫째, 우리나라의 미래 비전인 '강하면서도 선한 문화국가'를 주도적으로 실현해 나갈 인간상을 '참 선비'로 보고, 참 선비를 가장 효율적으로 양성하는 것을 인성교육 프로그램의 핵심목표로 삼는다.

둘째, 이들 프로그램에 공통적으로 들어가게 될 인성교육의 3대 요소를 '지향처 세우기 교육, 호흡명상 교육, 습관화 교육'으로 정한다.

셋째, 장·단기 교육과정을 마친 학습자들은 제대로 된 지향처를 가

142 이하의 내용은 손병욱(2016), 174-182쪽의 내용을 수정·보완하여 재정리한 것이다.

슴에 품고 언제나 제 자리에서 제 할 일 할 줄 아는 사람이 되어야 함을 강조한다. 이렇게 하는 것이 '성공하는 삶'이고, 이런 삶을 영위할 줄 아는 사람이 곧 참 선비이며, 그러자면 이러한 삶, 곧 지향처를 향하여 부단히 나아가는 삶을 위한 가장 이상적인 생활 일과표를 작성한 뒤에 이것을 순차적으로 습관화해야 함을 강조한다. 그리고 이 습관화의 과정에서 자신감自信感을 갖게 되며, 이 자신감이야말로 곧 성공하는 삶을 영위하기 위한 핵심 요소임을 인식시킨다.

② 선지先知·후행後行의 정신에 입각한 프로그램

학습자가 이론적으로 제대로 이해한 뒤에 스스로 자기 주도적 학습을 할 수 있도록 한다. 스스로의 자각自覺하에 실천 계획을 짜도록 유도한다.

③ 선의의 경쟁과 적절한 보상을 담보하는 교육 프로그램

학습자 상호 간에 선의의 경쟁이 이루어질 수 있도록 하고, 여기에 대하여 적절한 보상을 담보하는 교육 프로그램이 되도록 한다.

④ 공동체의식을 함양하는 프로그램

앞에서 소개한 바 있는 신라 화랑국선花郎國仙의 교육 방법을 참조하여 공동으로 긴장하고 공동으로 발산하는 교육과정을 통해서 학습자 상호간에 '형제애가 넘치는 동지 조직의 일원'으로서의 연대감을 가질 수 있도록 한다.

⑤ 토론식 수업 프로그램

질의와 응답을 중심으로 한 토론식 수업이 되도록 한다. 그래야만 창의성을 배양할 수 있기 때문이다. 학습자의 사소한 질문도 소중하게 여기고 질문을 유도하는 수업이 되도록 한다.

⑥ 단계별 학습 프로그램

쉽고 가까운 것부터 어렵고 먼 것으로 나아가는 단계별 학습을 할 수 있는 프로그램이 되도록 한다.

⑦ 수준별 프로그램 및 차등화된 맞춤형 프로그램

다양한 부류의 학습자에 대하여 수준별로 차등화된 프로그램을 마련하여 적용할 수 있을 것이다. 나아가 더 세부적으로는 맞춤형 프로그램도 마련되어야 할 것이다. 그러나 여기서는 일단 학습자의 주된 대상을 대학생으로 보고 접근하고자 한다.

(2) 1주용 프로그램 시안試案[143]

① 운용의 원칙 제시

ⓐ 교육 시간은 1일 6시간×7일=42시간으로 한다.

ⓑ 하루 일정은 오전 3시간9~12시, 오후 3시간14~17시으로 한다.

ⓒ 각 반별 인원수를 21명씩 3개 반 이상으로 한다. 총인원수는 21×3=63명으로 한다.

143 이 1주용 프로그램은 앞으로 한선원에서 다양한 대상에 대해 다양한 인성교육 프로그램을 마련하는 데 기본적인 안이 필요할 것임을 염두에 두고, 그 기본안을 한 번 제시해 본다는 생각을 전제로 하여 작성해 본 것이다.

※ 이 숫자는 상황에 따라서 적의하게 조절할 수 있다.

ⓓ 한 개 반에는 7명씩으로 구성된 조를 3개 둔다. 총 9개 조를 둔다.

ⓔ 각 조에는 조장을 두고, 각 반에는 반장을 둔다.

ⓕ 각 조의 조장은 조원들이 알아서 정하고 이 조장들이 모여서 반장을 호선한다. 반장은 조장 가운데 나올 수도 있고, 조원 가운데 나올 수도 있을 것이다.

ⓖ 나중에 각 반별 우수 조를 포상하고 나아가 우수 반을 포상하도록 한다.

② 구체적인 내용의 제시

제1일 오전

- ‘인성교육이란 무엇인가’에 대해 시작과 마침[始終], 인성교육의 3대 요소, 성공하는 삶과 인성교육, 창의적 리더란 누구인가 등 이론 강의[144]
- 질문의 중요성을 강조하고 제대로 질문하는 법에 대하여 강의하기[기초과정]
- 지향처志向處 세우기와 관련한 리포트 제출하기[145]

※ 앞으로 강의가 끝나고 나면 반드시 질의-응답 시간을 가질 것이며, (의미 있는) 질문을 많이 하는 학생에게는 평가할 때 가점加點을 부가할 것임을 예고한다.

※ 제4일 오전에 지향처 세우기 리포트를 발표할 시간을 갖는다고 예고할 것

144 손병욱(2016), 149-152쪽의 내용을 참고하기 바람.

145 손병욱(2016), 152-155쪽을 참고하기 바람.

제1일 오후

- '나는 누구인가'라는 주제로 자기소개하기–고향, 학교, 현 소속처, 자기의 취미, 장·단점, 특기 등을 5분 이내로 소개할 것
  ※ 궁금한 점에 대해서는 공개적으로 질문하도록 할 것

- 호흡명상[정좌수련]과 관련한 이론을 소개하고, 실제로 호흡명상을 통해서 집중력[의지력]을 배양함으로써 스스로의 마인드mind가 어떻게 달라지는지 체험해 보기. 이때는 한선원 안에 마련된 명상실[정좌수련실]을 활용한다.
  ※ 앞으로 매번 강의 시작 전 10분간 호흡명상의 시간을 가질 것임을 예고한다.

제2일 오전

- 10분간 호흡명상하기
- '성공하는 삶을 위한 인성교육 구조도'에 대한 강의–창의적 리더가 되는 것을 염두에 두고, 지기지사志氣之士의 자격 갖추기와 지기지사의 심성구조상心性構造上의 특징 소개+창의적 리더의 자격 갖추기와 창의적 리더의 심성구조상의 특징 소개[146]
- 지력·기력·정감력 삼대력三大力의 배양 방법 강의–독서궁리/지력, 신체단련/기력, 공동체 생활 참여 혹은 음악교육/정감력
  ※ 제5일 오후에 효과적인 독서궁리를 위한 독서 목록을 작성하여 그것을 발표하고, 나아가 자기가 꼭 추천하고 싶은 책을 소개하는 시간을 가질 것임을 예고할 것

---

146 손병욱(2016), 141–145쪽의 내용을 참고하기 바람.

제2일 오후

- 10분간 호흡명상하기
- 조식은 누구인가?(1)–그의 개략적인 생애, 경의사상 그리고 출처관出處觀, 그가 꿈꾼 나라, 그가 지녔던 위기의식危機意識과 위기를 극복하기 위한 그의 노력에 대하여 소개하기: 상소문 중 「을묘乙卯사직소」, 「정묘丁卯사직소」, 「무진봉사戊辰封事」[147], 그리고 문집 중 「책문제策問題」 소개
- 한국의 미래비전: 강하면서도 선한 문화국가의 함의 소개
- 강하면서도 선한 문화국가를 구현할 인간상, '창의적 리더'가 되기 위한 방법은?
- 이 시대가 왜 위기인가? 그 위기의 실상은 무엇인가? 위기극복의 방법은 무엇인가?

제3일 오전

- 10분간 호흡명상하기
- 생애 주기별 특성에 대해 강의하기.

  생애를 크게 유소년기20세 이전, 청년기30세 이전, 장년기60세 이전, 노년기61세 이후의 4단계로 나누어 설명한다. [기초과정]

  ※ 학습자의 생애 주기를 염두에 두고 좀 더 상세하게 강의한다. 예컨대, 학습자가 대학생이라면 청년기의 중요성과 특성, 그리고 '성공하는 삶'을 위해서 챙겨야 할 사항이 무엇인지 알게 한다.

- 습관화의 중요성과 방법에 대한 강의–이것이 자신감自信感과는 어

147 이들 셋은 조식이 임금에게 올린 상소문[疏] 가운데 가장 대표적인 것들이다. 「을묘사직소」는 1555년(명종10년)에, 「정묘사직소」와 「무진봉사」는 1567년(선조1년)에 올렸다.

떤 연관성을 갖는가?

- 바람직한 권계勸戒와 금계禁戒가 무엇이며, 이 둘은 어떤 상관관계가 있는지 설명

※ 각자 습관화하고 싶은 내용에 대하여 그것을 권계勸戒와 금계禁戒로 나누어서 3개씩 설정해서 리포트로 작성한 뒤에 내일 오전에 발표하되, 지향처 발표와 병행하도록 할 것

제3일 오후

- 10분간 호흡명상하기
- 『화랑세기』에 나타난 가야파의 특징 및 화랑풍월도花郎風月道의 형성과 운용, 그리고 신라 화랑조직[郎徒部曲]의 작동 원리에 대해 설명하기

※ 설명하기 전에 화랑 조직이 지녔던 강력한 힘의 비결이 무엇이었나? 왜 화랑 조직을 '형제애가 넘치는 동지 조직의 전형'이라고 하는가? 화랑 조직과 조폭組暴의 차이점이 있다면 그것이 무엇인가? 이 세 가지 질문에 대한 답을 요구할 것임을 예고할 것

- 검도劍道, 곧 칼의 정신이란 무엇인가?
- 스스로를 '천하제일의 보검'으로 만들기 위한 비결[삼삼질 법칙] 소개하기
- 제1차 7년 전쟁, 곧 나당전쟁670~676 소개하기

제4일 오전

- 10분간 호흡명상하기
- 각자 준비해 온 지향처+계율수지戒律守持에 관한 내용 발표하기–각 조별로 2인 정도씩 총 6인이 발표

※ 발표 내용에 대해 총평하기
※ 이 리포트 회수하기
※ 제5일 오전에 자기 지향처를 염두에 두고 평일용 일과표를 짜서 소개하는 시간을 갖는다고 예고하기

- '평일용 일과표 모델' 소개[148]

제4일 오후

- 걷기명상의 원리 설명한 뒤 각 조별로 지도교사 인솔하에 교육원 근처 둘레길 걷기1시간 정도
- 궁도장에 나가서 궁도의 기본을 배우고 활쏘기 연습하기[기초과정]
- 남사 예담촌의 기산국악당으로 옮겨가서 국악 감상하기

제5일 오전

- 10분간 호흡명상하기
- 어제 제출한 리포트 중 잘된 것 선별하여 소개하고, 교사의 촌평이 기록된 다른 리포트는 각각 학습자 본인에게 돌려준다.

※ 교사가 동지同志의 개념과 그 중요성을 설명한 뒤, 비슷한 지향처를 가진 학생끼리의 만남을 주선한다.
※ 퇴소할 때 수정·보완한 리포트를 제출하라고 할 것

- 작성해 온 평일용 일과표를 발표하는 시간 갖기–각 조별로 2인

148 앞의 '지향처 세우기'가 선지(先知)·후행(後行) 중 선지(先知)에 해당한다면, 여기서 다루는 '평일용 일과표 모델' 작성은 후행(後行)과 관련된 내용이 될 것이다.

정도씩 6인이 발표

※ 발표 내용에 대해서 총평하기–특히 자기 지향처와의 연관성이 중요함을 강조할 것

※ 리포트 회수하기

제5일 오후

- 10분간 호흡명상하기
- 어제 제출한 평일용 일과표 중 잘된 것 소개하고, 교사의 촌평이 기록된 다른 리포트는 각각 학습자 본인에게 돌려준다.
- 각자 작성한 독서 목록 발표와 함께 추천하고 싶은 책 소개하는 시간 갖기

※ 총평하기

※ 리포트 회수하기

제6일 오전

- 10분간 호흡명상하기
- 조식은 누구인가?(2)–가야 문화권과 조식, 화랑과 남명학파, 「신명사도」 소개 등
- 임진왜란시 남명학파의 활약상 소개하기
- 멸사봉공滅私奉公을 넘어선 활사개공형活私開公型 인간상 소개하기

제6일 오후

- 10분간 호흡명상하기
- 어제 제출한 독서 목록 중 잘된 것 소개하고, 교사의 촌평이 기록된 다른 리포트는 각각 학습자 본인에게 돌려준다.
- 게임을 통해서 「신명사도」를 체험하고 체험한 소감을 발표하기

- 삼신봉 터널을 통해서 선교仙敎 문화권에 속하는 청학동 삼성궁으로 이동, 고유한 선교문화를 체험한 뒤에 한풀선사와 질의·응답하는 시간 갖기[149]–공동체의식 함양에 도움이 되도록 할 것

  ※ 저녁식사 후 귀원

제7일 오전

- 10분간 호흡명상하기
- 남명학파 소개하기(1)–남명학파에 속하는 대표적인 인물 3명 정도 선별하여 소개하기
- 학습자 각자의 소감 듣기와 설문 조사 등의 시간 갖기

제7일 오후

- 포상을 겸한 종강식 거행
- 해산하여 무사하게 귀가하기

(3) 3주용 프로그램의 개략적인 시안 제시[150]

① 3주용 프로그램의 대강

3주용 프로그램에서는 매주 5일씩의 일정표를 짜서 진행하고, 토·일의 주말에는 학습자 개개인이 각자의 숙소에서 자유롭게 시간을 보내도록 허용한다. 다만 외출이나 외부인과의 접촉은 허용하지 않는다. 마지막 제3주째는 금요일까지 공식 일정이 끝나면 바로 퇴소하지

149 선교 문화권(仙敎文化圈)과 선교문화(仙敎文化)에 대해서는 정우락 외(2012①), 236쪽의 내용을 참고하기 바람.

150 3·7수는 환골탈태수, 대변화수, 변화의 완성수임을 염두에 두고 구성하도록 해야 할 것이다.

말고 숙소에서 지내다가 일요일 오후에 수료식을 거행하도록 한다. 이외 다른 것은 앞에서 소개한 1주용 프로그램 시안과 동일하다.

② 1주용을 바탕으로 한 추가 내용

3주용 프로그램에는 1주용을 바탕으로 하되 다음과 같은 내용이 추가되도록 한다.

- 생애 주기별 특성에 대한 이해(2), (3)[심화과정]
- 제대로 질문하는 방법 익히기(2), (3)[심화과정]–좋은 질문과 나쁜 질문의 사례 소개
- 적합한 주제를 정하여 발표하고 토론하기ⓐ, ⓑ, ⓒ[기초과정+심화과정]
  - ⓐ 신을묘사직소新乙卯辭纖疏 작성과 발표: 비판할 대상과 그 대안이 각각 무엇인가?
  - ⓑ 북한의 급변 사태 발생 시 중국의 개입을 어떻게 차단할 것인가?: 대책 제시
  - ⓒ 일본이 독도를 점령하려고 하면 어떻게 할 것인가?: 대책 제시
- 독서 목록 작성하기(2), (3)[심화과정]
- 지리산 등산하기와 도처에 산재한 조식 유적지 답사하기
- 선교·불교·도가 사상에 대해 기본적인 내용 이해하기
- 지리산에 위치한 3대 문화권양반 문화권, 범불교 문화권, 선교 문화권 중 양반 문화권과 범불교 문화권 탐방하기
- 안동의 퇴계 문화권, 파주의 율곡 문화권 탐방하기
- 기본적인 예절 익히기 및 우리의 소리 감상을 통하여 예와 악의 조화로움 추구하기

- 지속적인 궁도 및 치마 수련
- 조식은 누구인가? (3), (4), (5), (6), (7)-조식에 대한 심화된 내용 소개, 남명학파와 퇴계학파의 차이 및 그 원인 구명, 『남명어록집』, 『학기유편』 가운데 특히 중요한 구절을 발췌하여 읽기 등
- 『화랑세기』를 통해서 본 신라문화와 가야문화의 차이점 소개하기
- 남명학파 소개하기(2), (3), (4), (5)-조식의 10대 제자 중 아직 소개하지 못한 인물들에 대하여 그들의 생애와 사상 소개하기
- 통일이후 각자의 활동계획 구상과 발표 등

이상의 내용을 1주용 프로그램에 추가하는 내용으로 프로그램을 구성할 수 있을 것이다.

결론: 제언

결론: 제언

지금까지의 논의를 바탕으로 앞으로 이곳 한선원 일대에 다음과 같은 요소들이 반드시 추가될 수 있기를 바란다.

첫째, 한선원 안에 조식의 비범한 기상이 깃든 동상 내지 흉상을 건립하여 안치하자. 방문객들이 이를 통해서 조식의 벽립천인, 태산교악, 추상열일의 탁월한 인품을 느낄 수 있도록 형상화해야 하고 또 실내에는 몇 군데 흉상을 안치하는 것이 필요할 것이다.

둘째, 기존의 '남명선비문화축제'를 확대·개편하여 한선원이 주 무대가 될 수 있도록 새로운 행사를 기획하고, 반드시 방문객들이 적극적으로 참여하여 즐길 수 있도록 새로운 프로그램을 개발하자.

셋째, 한선원 일원을 빠짐없이 둘러보는 투어루트tour route를 개발해야 할 것이다. 그리고 이 루트가 남명의 길, 참 선비의 길로 불리는 둘레길로 연결될 수 있도록 해야 한다. 이때 어디서 시작하여 어디로 해서 어디에서 끝낼 것인지를 제시할 필요가 있다.

넷째, 정좌수련실+예절과 국악을 위한 장소+궁도장과 치마장을 비롯하여, 무엇보다도 「신명사도」+「신명사명」+『천군전』에 입각하여 조식의 정신경지를 게임화하여 학습자들이 재미, 의미, 묘미를 갖고 참여하게 할 「신명사도」를 본 뜬 건물을 건립하자. 그리고 반드시 선비 박물관을 건립하여 전시체험이 가능하도록 하자.

다섯째, 앞으로 이곳을 지나가게 될 수많은 관광객들이 한 번은 들렀다 갈 수 있도록 만들자. 그리고 왔다 간 사람은 다시 오고 싶도록 만들자. 그렇게 하기 위한 방안을 다각도로 마련하도록 하자. 그러자면 이곳이 지닌 입지적인 장점을 최대한 활용해야 한다. 그리고 다양한 홍보책자를 발간해 널리 알려야 한다. 특히 「신명사도」와 관련하여 이것의 원리를 만화화, 애니메이션화하는 일을 미루지 말기를 요청한다.

여섯째, 이곳과 유사한 성격을 갖는 국내의 다른 기관들, 예컨대 국학진흥원, 율곡 기념관 등에서 이황과 이이를 어떻게 현창하고 있는지 면밀히 살펴서 그 장점을 벤치마킹하면서 조식만의 특징이 부각되도록 하는 일을 잠시도 게을리해서는 안 될 것이다.

앞으로 필자는 본고의 내용과 관련하여 세 가지 연구 과제를 후속 연구로 이행하고자 한다. 그것은 다음과 같다.

첫째, 한선원 안의 적합한 터에 「신명사도」를 본뜬 건물을 지어서 이곳 연수에 참여하는 학습자들이 게임에 참여하도록 함으로써, 「신명사도·명」과 『천군전』의 정신을 가장 효율적으로 배울 수 있도록 하기 위한 연구이다. 먼저 게임의 개발과 관련하여 어떤 게임을 어떻게 진행할 것인지 연구한다. 나아가 이 게임 수행을 위해서 건물을 짓는다면 어떤 점에 유념하여 지어야 할 것인지에 대한 연구가 필요할 것이다. 이 연구의 주제는 대략 '「신명사도·명」의 게임화와 그 하드웨어 구축을 위한 방안 고찰'이 될 것이다.

둘째, 본고에서 제시한 대로 가장 효율적인 연수를 위한 다양한 프로그램 개발이 필요하다. 그 기본은 환골탈태수인 3·7수를 고려한 3주짜리 교육과정 프로그램이라고 본다. 일단 3주를 기준으로 삼되 그 대상에 따라서 가감하면 될 것이다. 이에 필자는 모든 학습자들에게 공동으로 적용될 수 있는 3주 교육과정 프로그램에 필수적으로 들어가야 할 요소가 무엇인지를 고려하여 가칭 표준 프로그램을 제시하는 연구를 제안하고자 한다.

셋째, 남명학파의 정신적 뿌리인 가야 문화권에 대한 연구이다. 특히 퇴계학파의 뿌리라고 할 신라 문화권과의 차이점이 무엇인지에 주목할 것이다. 그리고 남명학파가 가야 문화권의 장점과 신라 문화권의 장점을 결합한 특징을 보인다는 주장의 근거가 무엇인지를 구명해야 할 것이다.

앞으로 한선원 일원을 제대로 활용하기 위한 연구가 다각도로 이루어질 수 있기를 희망한다. 아울러 본 책자가 한선원 일원을 효율적으로 활용함으로써 한선원 건립의 목적을 달성하는 데 의미 있는 도움이 되기를 바라는 바이다.

찾아보기

ㄱ

가묘(家廟) 21
가야문화-가야파 141, 142
가야 문화권 142, 147, 171, 178, 196, 204
가야문화와 화랑풍월도(花朗風月道) 17
가야문화의 특징 178
가야사에 대한 연구 146
가야파 7, 14, 61, 125, 131, 142, 170, 194
가야파, 가야문화 60
가야파와 남명학파 간 친연성(親緣性) 142
가장 이상적인 일과표 109, 111, 119, 168
가정적 위기 167
(가칭) 표준 프로그램을 제시하는 연구 204
각 단계별, 수준별로 표준화된 교육과정 99
각종 상소문 84, 150
감각적(感覺的)인 욕구 충족 44
감성 55, 162
감성(感性)의 힘인 정감력(情感力) 55
감성능력 69
강약(强弱)의 논리 59
강우문화권 145
강좌문화권 145
강하면서도 선한 문화국가 74, 169, 175, 193
강하면서도 선한 문화국가 이념 11, 17, 40, 71
강한 나라 71, 72, 73, 74, 102, 138, 140
강한 위기의식(危機意識) 92
개과천선(改過遷善) 104, 184
개인의 개성 113, 137, 165
개인의 성공 158, 164, 165
개인적 위기 167
개인주의 137
거경성찰 43, 47, 49, 51, 70, 98, 130, 159
거경함양 41, 45, 47, 50, 67, 98, 130, 163
거칠부(居柒夫) 129, 132
거칠부(居柒夫)의 딸 윤궁낭주 129, 132
걷기명상 163, 167, 195
검(劍) 50, 141, 172
검도(劍道)의 대가 53, 126, 170
검도수련(劍道修練) 59, 166
검찰 개혁 139
겁외사(劫外寺) 28
게임화, 만화화, 애니메이션화 94
격물-치지 48, 49
견문습염(見聞習染)+소습(所習) 143
경(敬) 41, 89, 130, 159, 163
경·사·자·집(經史子集) 75
경상대학교 남명학연구소 24
경의(敬義) 21
경의 용(用) 43
경의 체(體) 43
경이직내(敬以直內) 48
경제력 72, 73, 74, 86, 139, 140
경제력-국방력-사회복지제도 140
계부당(鷄伏堂) 97
계율수지(戒律守持) 68, 194
고급문화 52, 74, 95, 138, 154, 160
고유문화와 외래문화 178
고유사상 170
고유성과 외래성 179

고허왕상도(孤虛旺相圖) 58, 148
골품이 있는 사람들 61
공공선(公共善) 102
공공성(公共性)의 조건 67, 102
공공철학연구소장인 김태창 137
공동으로 긴장 189
공동으로 발산 189
공동체 생활 69, 176, 192
공동체의 목표달성 113
공동체의식 189, 197
공동체의 이익 102
공동체 정신 173
공자(孔子)의 본의 72
공자가 꿈꾼 나라 112
과업지향성(課業志向性)의 조건 67, 103
과업지향적인 물음 103
곽재우 57, 63, 131, 142, 148, 171, 223, 224
관방(關防) 58, 75
관피아 87
교도소(狡盜所) 104
교도행정의 이상적인 모델 104
교육과정 99, 124, 174, 188, 189, 204
교정직 공무원 184
교지(教之) 73
교토포럼 137
교화·감화·변화 124, 184
국가 공동체 12, 70, 93, 138, 146, 164
국가 공동체의 목표인 미래 비전 164
국가 공동체의 지향처 설정 146
국가 리더 139
국가별 부패인식지수 86
국가안보 140
국가의 성공 158
국가적 위기 167
국가 지도자급 인사들 124
국방력 72, 73, 74, 102, 139, 140
국보 제233-1호로 지정된 석조비로자나불좌상 26
국선(國仙) 58, 59, 61, 128
국선 화랑[仙花] 173
국악 감상 149, 195
국악 연주 26
국토수호의 중요성 96
국토애호정신(國土愛護精神) 174
국학진흥원 36, 204
군국주의 교육 136
군자 35, 51, 57, 130, 149, 167, 169, 178
군자감판관(軍資監判官) 56
군자육예(君子六藝) 130
궁도 및 치마 199
궁도장 150, 167, 195, 203
궁도장(弓道場)과 치마장(馳馬場) 167
궁리치용(窮理致用) 83
권계(勸戒) 68, 108, 168, 194
권계(勸戒)와 금계(禁戒) 194
권위[카리스마] 134
금계(禁戒) 68, 108, 115, 168, 194
금계(禁戒)와 권계(勸戒)가 반영된 가장 이상적인 일과표 168
금계와 권계의 습관화, 생활화 168
금융기관 종사자들 187
금장태 89, 95, 222
기강의 해이함 93
기도(幾圖) 148

기득권자의 솔선수범 153
기력과 무의식 150
기력 내지 야성 88
기산기념관+기산국악당 76
기심수렴(其心收斂), 불용일물(不容一物) 44
기운이 청수(淸粹) 67, 88, 162
기운이 충실(充實) 68
기학(氣學) 142
'기학(氣學)'적 관점 142
기호학파 150
긴장과 발산 173
긴장과 조임 76, 173
김대문 28, 59, 61, 66, 126, 129, 172, 222
김동리 32
김영란 법 157, 158
김우옹 45, 57, 94, 96, 152
김유신의 검도수련(劍道修練) 166
김행(金行) 57
깨달음 32, 48, 163
꿈·미래·개척 110
꿈·힘·참 174

ㄴ

나는 누구인가 192
나당전쟁 194
남과 어울리고 소통, 친화할 수 있는 힘 69
남도대교(南道大橋) 32
남명기념관 21, 24, 35, 148
남명문화 강좌 24
남명 문화권 76
남명 사적지 21
남명선비문화축제 24, 203
남명어록집 152, 199
남명정신 28, 85
남명 조식 17
남명학의 메카 21, 24, 158
남명학파 17, 62, 142, 149, 172, 197, 204
남명학파와 퇴계학파의 차이 199
남명학파의 '의(義)-기(氣)-무(武)-충(忠)' 62
남명학파의 형성과 계승 148
남명학파의 활약상 196
남북통일의 전야기 172
남사 예담촌 26, 27, 28, 76, 158, 179, 195
남해의 한려수도(閑麗水道) 177
낭도(郎徒) 173
낭도부곡(郎徒部曲) 127, 170
내명자경(內明者敬) 50
내암 정인홍(來庵 鄭仁弘) 58, 91, 130
내원사(內院寺) 26
논어 72
뇌룡정(雷龍亭) 97

ㄷ

다문화가정 187
단기 반 과정 188
단성면 묵곡(默谷)마을 29
단성면 배양(培養)마을 28
단성 현감직 157
단속사 29
'달굼질-단련질-담금질'의 연마(鍊磨) 54

당나라와의 7년 전쟁 127
대가야 53, 126, 127, 129, 142, 170
대가야 문화공주(文華公主) 53
대가야의 외손 53
대공무사(大公無私) 136
대사위공(大私爲公) 138
대사-활사의 삶 138
대야성의 죽죽(竹竹) 127
대원사(大源寺) 25
대인 41
대장부(大丈夫) 130
대정·대사 135
대정위의(大情爲義) 135
대학생 183, 190
『대학』의 8조목 48
덕산복거(德山卜居) 22
덕성 100, 162
덕천강과 섬진강 177
덕천서원 21
덕치(德治)와 예치(禮治) 159
도가사상 179
도 계열 60
도덕·윤리교사 117
도덕적으로 선한 민족 139
도덕적으로 지선(至善)한 나라 71
도성(都城) 88
도심 계열의 심성 98
도와 의가 지니는 함의 60
도의(道義) 위주의 화랑제도 60, 170
독립청원서, 일명 파리장서 26
독서궁리 48, 69, 109, 176, 192
독서궁리+field research 69, 176
독서궁리+실습 69
독서궁리+실험관찰 69, 176
독서궁리에 의한 지력[지성] 기르기 109
독서 목록 123, 192
동상 내지 흉상 203
동시(動時)의 경 43
동일한 지향처 133
동지(同志) 133
두류산(頭流山), 곧 지리산(智異山) 22
득도(得道) 60, 128, 171, 178

ㄹ

리더십 65, 69, 101, 119, 159, 161, 163, 164
리더의 지향처 69, 134, 135, 137

ㅁ

마음의 경지 153
마음의 면역성[回復彈力性] 107
마음의 수렴 44
마음의 조절 46
마음의 집 94
막힌 곳을 뚫는 실천 능력 69
만화화, 애니메이션화 169
말갈[勿吉]족 출신의 현자 63
맑은 놀이[淸遊] 60
망우당 곽재우 131
망원경(望遠鏡)적인 시각 54

맞춤형 교육 124
맞춤형 프로그램 190
맹자 42, 43, 64, 222
면우 곽종석(俛宇 郭鍾錫) 26
멸사봉공(滅私奉公) 136, 165, 196
명상(瞑想) 교육 101, 105
명상실 163, 192
모리배 71
목면시배유지(木棉始培遺址) 28
목표 지향적인 삶 71
몸 85, 90, 94, 106
무도의 국선 59
무력(武力) 128, 184
무사의 길 59, 65
무예수련-의기배양-행의 55, 58
무용(武勇)에 입각한 충효(忠孝)의 정신 62
무의식(武意識) 71, 86, 141, 166, 174, 186
무의식(武意識) 내지 위기의식 186
무의식(武意識)을 지닌 문무겸비지사 172
문(文)과 명분의 논리 59
문(文)·무(武)·예(藝) 172
문노(文弩) 12, 53, 125
문노의 화상(畵像) 126
문무겸비지사(文武兼備之士) 42, 50, 130, 159, 172
문무의 조화 75, 76
문사(文士) 41, 42, 58, 85, 126
문재인 정부 139
문학(問學)의 공부 45
문화공간 17, 21, 24, 36, 40, 149, 159, 223
문화관광적인 전시체험(展示體驗) 17
문화국가 17, 73, 96, 138, 146, 160, 175, 193
문화적 종주국 141
물계자(勿稽子) 62
물의 문명시대 154
민족사의 정화(精華)인 화랑 125
민족철학의 현실적인 효용성 104

ㅂ

바람직스럽지 못한 지향처 104, 105
바람직한 일과표 모델 168
바람직한 지향처 67, 104, 110, 140, 162
박경리 32
박시제중(博施濟衆)의 인(仁) 66
박헌봉(岐山 朴憲鳳) 27
반굴(盤屈) 127
발산과 풀림 76, 173
발표하고 토론하기 198
방위사업청 87
배타적이고 폐쇄적인 태도 78
백련천마(百鍊千磨) 54, 85
백문불여일견(百聞不如一見) 91
버르장머리 없이 함부로 처신함[流] 77
범불교(汎佛敎) 문화권 34
법계사(法界寺) 25
법 만능의 법가(法家)적인 공포심 140
법 상식을 벗어난 판결 185
법원 소속 공무원 185
법질서와 기강의 확립 185
법질서와 기강이 바로 선 나라 159
벽립천인(壁立千仞) 23, 49, 130, 152
벽소령 33

벽송 지엄(碧松 智嚴) 33
벽이단론(闢異端論)과 정통수호의 명분 78
변별성(辨別性) 145
병가서(兵家書) 52, 58
보검화 내지 영체화(靈體化) 88
보편적인 기질 144
본말관(本末觀) 73
본심의 회복 94
본연지성(本然之性)–사단(四端)–도심 98
부모의 유전적 요인 143
부모정혈(父母精血)+
부모지정혈(父母之精血) 143
부용 영관(芙蓉 靈觀) 33
부제(副弟) 53, 132, 133
부지(富之) 73
부패지수 86
부패하면서 무능한 인간상 177
부패하지만 유능한 인간상 177
부휴 선수(浮休 善修) 33
북한의 급변 사태 198
불공정한 정실인사(情實人事) 133
불교 25
불교 문화권 178
불교사상 179
불교적 깨달음 163
불의 문명시대 153, 154
비보랑(秘宝郎) 129

ㅅ

사기의 으뜸[士氣之宗主] 126, 127
사다함(斯多含) 53
사대문파(四大門派) 33
사대주의 노선 141
사명당 유정(泗溟堂 惟政) 29
사설 교도소 104
사실(fact)에 근거한 정확한 보도 187
사·어(射御) 56, 58, 130, 150, 167
사절유택(四節遊宅) 174
사회과학 69
사회과학적인 제도 개선의 문제 153
사회복지 73, 74, 139, 140
사회적 위기 167
사회적인 형제 133
산업의 쌀 162
산천재(山天齋) 22, 57
산청군 24, 25, 30, 34, 35
산청 권역 25
삼국사기 59, 166, 172, 173, 222
삼국유사 59, 112, 166, 174, 222
삼국통일기(540~681) 신라의
화랑풍월도(花朗風月道) 125
삼대력의 배양과 활용 164
삼대력[지력·기력·정감력] 94
삼삼질 법칙 194
삼성궁(三聖宮) 30
삼신봉(三神峰) 34
삼신봉 터널 30, 32, 34, 197
삼우당 문익점(三憂堂 文益漸) 28
삼족당 김대유(三足堂 金大有) 56
삼칠(三七)의 법칙 109

삼한일통을 위한 전위 조직(前衛組織) 133
삼한일통의 혜택 134
상달천리(上達天理) 48
상벌 128, 129
상성성(常惺惺) 44
상호 공경함[相敬]과 악의 정기능 77
생득적(生得的)이고 불변적 144
생애 주기별 특성 193, 198
생존이 보장되고 법질서와 기강이 확립된 나라 138
생존이 보장되는 나라 72
생활 일과표 189
서검병증조장원원(書劍柄贈趙壯元瑗) 52
서로 마음을 터놓고 친밀하게 지냄[相親] 77
서먹서먹함[離] 77
서산 휴정(西山 休靜) 32
선교(仙敎) 문화권 34
선교·불교·도가 사상 198
선도(仙道) 59
선도(仙道)의 신선 59
선도와 무도 60
선비대학 24
선비문화의 메카 151
선비박물관 151, 203
선악(善惡)의 논리 59
선한 나라 74, 104, 138, 139
선함과 강함을 동시에 추구 59
선해지고자 하는 의지 74
선후관(先後觀) 73
섬 오랑캐[日本] 93
성공하는 길을 통한 청소년 인성교육 방안 113
성공하는 대학 생활 183
성공하는 삶 7, 92, 101, 118, 164, 176, 191
성공하는 삶과 인성교육 191
성공하는 삶에 필요한 조건 118
성공하는 삶을 위한 인성교육 구조도 175
성공하는 인생 100
성리학 48, 159
성성자(惺惺子) 50
성의–정심 48
성인 49
성인·군자·대장부 169
성철 스님 29
성철 스님 기념관 29
세계가 우러르는 위대한 국가 174
세균심장(細均深長)의 단전(丹田)호흡 106
세균심장(細均深長)의 단전호흡 47
세속오계(世俗五戒) 62
세속적이고 입세간(入世間)적인 가치 171
세심정(洗心亭) 21
소식(小食) 107
소요 태능(逍遙 太能) 33
소인의 일 128
소정과 소사 135
소프트웨어 17, 153
송서규(宋瑞奎) 대령 186
송암 김면(松庵 金沔) 58
수기가 완성된 성인[內聖] 49
수려한 인문·자연환경 자원 31
수식관(數息觀) 47, 106
수신행도(修身行道) 83
수준별로 차등화된 프로그램 190
순리이행(順理而行) 48
숭문천무(崇文賤武) 63

습관화 7, 94, 109, 119, 124, 168, 188, 193
습관화 교육 7, 108, 168, 188
시대별로 나타나는 선비상 151
시대성(時代性)의 조건 67, 101
시대성, 공공성, 전문성, 과업지향성의 조건 110
시스템 187
시중잡배 71
시천면 사리(絲里) 25
시천면 중산리 방면 25
신구(新舊) 강학공간 24
신궁(神宮)의 선단(仙壇) 126
신기(神氣) 142
신기+형질 143
신도비(神道碑) 21
신라 문화권 204
신라 문화권의 장점 204
신라의 귀족 비조부(比助夫) 53
신라의 삼국통일기(540~681) 59
신라의 화랑[風月] 170
신라의 화랑국선 59
신라 주도의 삼한일통 134
신라 진흥왕 132
신라파, 신라문화 62, 60, 128
신라 화랑도(花郞徒) 41, 64
신라 화랑조직[郞徒部曲]의 작동 원리 194
신명사도 14, 23, 59, 89, 95, 148, 196, 224
「신명사도·명」의 게임화와
그 하드웨어 구축을 위한 방안 고찰 204
『신명사도』+『신명사명』+『천군전』 203
『삼국유사』의 고조선 조에 나오는
'환웅(桓雄)의 하강(下降)' 112
신명사명(神明舍銘) 49
신상필벌(信賞必罰) 74, 139
신선(神仙) 59, 60, 61, 127, 128, 171
신수(神秀: 605?~706)의 북종선(北宗禪) 29
신을묘사직소(新乙卯辭職疏) 198
신응사(神凝寺) 33
신체단련을 통한 기력[야성] 기르기 108
실천적 선비정신 17
실천적 참 선비의 삶 96
실패한 대통령 103
실학(實學) 159
심식상고(心息相顧) 47, 91, 105, 163
심위엄사도(心爲嚴師圖) 148
심입천출(深入淺出)의 정신 111
쌍계사와 칠불사 32
3개의 상이(相異)한 문화권 34
3대 문화권
(양반 문화권, 범불교 문화권, 선교 문화권) 198
3대 의병장 58, 142, 148
15세 풍월주 김유신(金庾信) 125

ㅇ

아름다운 문화국가 74
악(樂)·가(歌)·무(舞) 179
악양 및 화개동천의 범불교 문화권 78
악의 부작용 77
안동의 퇴계 문화권 198
안병욱(安秉煜) 174
알프스 파크 31
야성(野性) 35, 55, 69, 159, 162, 176
야성(野性)적 지성인(知性人) 159

양심에 따라 사는 사람이 사회의 주류(主流)가 되는 나라 138
어두운 곳을 밝히는 인식능력 69
여계포란(如鷄抱卵) 97
여묘포서(如猫捕鼠) 97
여재실(如在室) 21
역동적(力動的) 173
『역마』 32
역서학용어맹일도도(易書學庸語孟一道圖) 148
연수 내지 교육 83
염슬위좌(斂膝危坐)법 47
염유 72, 73
영남학파 150
영성(靈性) 162
예담촌의 미래상 28
예송논쟁(禮訟論爭) 76
예술로서의 '예(藝)' 27
예습·복습하기 109
예와 악의 조화 12, 27, 76, 77, 149, 198
예의 부작용 77
예의 정기능 77
예절·음악실 149
예·체능 분야 69
『예기(禮記)』 66, 92, 173
오봉 호굉(五峰 胡宏) 46
올바른 금전관(金錢觀) 187
왕도정치(王道政治) 52, 92, 159
왜구의 침입 76
외단자의(外斷者義) 171
외부적인 유혹 96
요순(堯舜)의 태평성대 52
우리 민족의 비원(悲願) 112
우리의 미래 비전 75
우암 송시열(尤庵 宋時烈) 21
우주(宇宙) 54
우주청원지기(宇宙淸元之氣) 60
운강 조원(雲江 趙瑗) 52
운상인(雲上人) 60
원통암(圓通庵) 32
웨어러블 기기 121
위국헌신(爲國獻身) 186
위국헌신하려는 충용(忠勇)의 정신 127
위기 127
위기 상황 166, 167
위기의 시대 84, 88, 150, 157
위기의식(危機意識) 130
위기의식을 지닌 청렴하고 유능한 인간상 89
위기의식+청렴의식 함양교육 124
위나라 72
위대한 나라 154
위대한 문화국가 74, 96, 154
위정자 72, 73, 84, 85, 93, 153
유교 문화권 34, 35
유교 이념 40
유교적 선비의 입지(立志) 교육 101
유교적 선비정신 27
유교적 예(禮)의 정신 27
유능한 교사의 확보 98
유림독립기념관 26
유목 문화권 63
유목문화와 가야문화의 연관성 63
유·불·선 삼교의 조화 75
유전적인 요소 144
유종원(柳宗元)의 문장 58

유혹에 강한 사람 88
육조 혜능(六祖 惠能: 638~713)의 남종선(南宗禪) 29
육체적인 생명 활동 69
윤궁낭주(允宮娘主) 127
율곡 기념관 204
을묘사직소(乙卯辭職疏) 78, 157
음악교육 35, 69, 109, 176, 192
의(意)+지(知)+야(野)+감(感) 70
의가 정으로부터 나온다[義出於情] 133
의 계열 60
의기(義氣) 42, 60, 65, 125, 128, 159, 176
의기(義氣)를 지닌 대장부(大丈夫) 42
의기(義氣)를 지닌 청렴(淸廉)하고 유능(有能)한 존재 65
의기유정(義氣有情) 135, 146
의기의 으뜸[義氣之宗] 126, 127
의리·정의 133
의병장들의 석상과 초상화 148
의식의 각성 44
의이방외(義以方外) 48
의·정·지 132
의지력[집중력] 70
이기동 223
이기적이고 당파적인 삶의 목표 135
이덕행인(以德行仁)의 왕도정치(王道政治) 52
이·목·구(耳目口) 91
이상세계(理想世界) 112
이상향(理想鄕) 112
이성적(理性的)인 판단 44
이순신의 궁도수련(弓道修練) 166
이 시대가 왜 위기인가 150
이 시대의 조식 158, 164, 174
이황 36, 41, 78, 130, 159, 169, 204, 224
인간의 기질[신기+형질] 143
인격교육 179
인문과학 69
인문학적인 인성교육의 문제 153
인성교육 153, 156, 157
인성교육의 3대 요소 188
인성교육의 마침[終] 99
인성교육의 목표 97, 100, 161
인성교육의 시작[始] 99
인성교육의 지표 174
인성교육이란 무엇인가 99, 191
「인성교육진흥법」 36, 100
인성교육 프로그램 160, 182, 188
인욕[人心] 88
인욕의 침투 98
인인(仁人) 41
인정[情] 70, 133, 172
인정[情]과 의리[義]의 덕목을 동시에 추구 70, 172
일기 쓰기 108
일도양단(一刀兩斷) 130
일벌백계(一罰百戒) 139
일제 강점기 136, 165
일 중심주의 103
일초직입여래지(一超直入如來地) 48
임금[國君] 51, 91
임금 선조 85
임진왜란 93, 131, 142, 148, 166
입지(立志) 46

ㅈ

자공 72
자기 본래성의 회복 64
자기 주도적 학습 189
자본주의 사회 87
자신감(自信感) 109, 120, 168, 189, 193
자아완성의 길 88
자연과학 69, 176
자연친화적(自然親和的) 173
자연환경적인 요소 144, 145
자유민주주의 시대 137
자유민주주의에 의한 평화로운 남북통일 104
자유민주주의 체제 157
자유민주주의 통일 141
자유학기제 183
작심삼일(作心三日) 109
장교 132
장기 반 과정 188
저급한 문화, 저질의 문화 138
전관예우(前官禮優) 184
전문성(專門性)의 조건 67, 102
전문성과 인성 65
전시체험(展示體驗) 12, 17, 24, 147, 151
전인(全人) 28, 172, 176
전통적인 양반문화(兩班文化) 26
전통한옥마을 26, 27
전통혼례 26
정감력[감성] 기르기 109
정력(定力) 45
정묘호란·병자호란 85
정상배 71
정시(靜時)의 경 43
정신과 이념 40
정신문화의 쌀 162
정신적인 생명 활동 69
정신 집중 44
정실인사(情實人事) 87
정우락 83
정이 지에서 나온다[情出于志] 133
정제엄숙(整齊嚴肅) 44
정좌수련(靜坐修練) 45
정좌수련실 163, 192, 203
정좌수련실+예절과 국악을 위한 장소+
궁도장과 치마장 203
정좌수련을 통한 집중력[의지력] 기르기 108
정좌의(靜坐儀) 46, 67
정주이후불필저서(程朱以後不必著書) 49
정치적 위기 167
정피아 87
제대로 된 문제의식 168
제대로 된 좋은 지향처 134, 135, 136
제덕산계정주(題德山溪亭柱) 23
제 자리 44, 51, 70, 90, 92, 100, 161, 189
제 자리에서 제 할 일 할 줄 아는 사람 90, 189
제 할 일 44, 48, 70, 91, 99, 118, 164, 189
조선조 사대부들의 의식세계 56
조식 83, 84, 193
조식 묘소 21
조식 사상 41
조식 선생 157, 158
조식 유적지 답사 198
조식의 10대 제자 148, 199
조식의 기질적 특성 23, 152

조식의 남명학파 125, 145
조식의 생애 147, 149
조식의 선비사상 41
조식의 어록 152
조식의 유지(遺志)와 유업(遺業) 84
조식의 참 선비 이념 65, 71, 87, 147
조식의 특징 58, 78
조식이 꿈꾼 세상 164
조식 정신의 본령 37
조신(調身) 46
조심(調心) 46
조임과 풀림 173
조정의 무기력 93
조폭 조직 87
조화와 포용의 정신 12, 17, 40, 75, 76, 78
종묘사직(宗廟社稷)의 집 56
좋은 거리(good distance) 77
좋은 습관 108
좋은 질문과 나쁜 질문의 사례 198
좌삼부(左三部)·우삼부(右三部)·전삼부(前三部) 132
좌선의(坐禪儀) 48
주경존심(主敬存心) 48
주경행의 42, 43, 49, 50, 98, 164
주곡(主穀)·주명(主命)·주병(主病)·주형(主刑)·주선악(主善惡)의 오사(五事) 112
『주역』, 「곤괘」 문언전 48
주일무적(主一無適) 44
주형(主兄) 132
준법의 중요성 187
준사관 186
줄탁동기 98
줄탁동기(啐啄同機) 97
중국의 개입 198
중학생 183
지(智)·덕(德)·체(體) 179
지공무사(至公無私) 136
지금 여기(now & here) 54, 90
지금 여기의 적시적소(適時適所) 98
지기(志氣) 66
지기지사(志氣之士) 65
지기지사(志氣之士)의 자격 갖추기 192
지기지사의 심성구조상(心性構造上)의 특징 192
지력 35, 45, 192
지력·기력·정감력 삼대력(三大力)의 배양 방법 192
지력·기력·정감력의 삼대력(三大力) 108, 164
지리산 22, 30, 36, 151, 163, 174, 198, 224
지리산과 선비 151
지리산 권역 11, 30, 31, 34, 178
지리산 둘레길 163, 167
지리산 알프스 프로젝트 31
지리산의 역사와 풍물 151
지상 세계를 천상화(天上化) 112
지성(知性) 35, 55, 69, 161, 162, 176
지성(知性)의 힘인 지력(知力) 55
지성과 야성의 힘 163
지성+야성+감성 70, 176
지역 간 갈등 101
지위지향성(地位志向性) 103
지위지향적인 목표 103
지위지향적인 물음 103
지향처(志向處) 44, 46, 66, 191
지향처 달성의 방법 제시 105, 110, 117, 122

지향처 설정의 이유 제시 105, 110, 112, 116
지향처 세우기 교육 7, 105, 188
진동보(陳同父) 56
진로지도 교육 103
진리 74
진리에 바탕을 둔 고급문화 160
진리의 세계 36, 74
진리적 삶 95
진선미(眞善美) 삼위일체 52, 74, 95, 138, 218
진선미(眞善美) 삼위일체의 문화국가 52
진수(鎭戍) 58, 75
진정한 세계의 평화 96, 154
질의와 응답 190
집의(集義) 내지 적선(積善) 130
집의[積善] 58, 85
집의소생(集義所生) 49
집중도 123
집중력[定力]과 의지력[願力] 162
집중력과 의지력 45
집중력[의지력] 70, 162
GNU인성 110

ㅊ

참다운 성공의 길 99, 116, 118, 120
참 선비 42, 50, 63, 65, 109, 188
참 선비의 길 59, 203
참 선비 이념 17, 40, 65, 71, 87, 89, 147, 154
참 선비 혹은 창의적 리더 150
창의기병(倡義起兵) 52
창의성 163, 164
창의성과 리더십 65, 101, 119, 159, 161, 164
창의적 리더 66, 71, 108, 150, 164, 175, 191
창의적 리더의 심성구조상의 특징 192
창의적 리더의 인성 70
창의적 리더의 자격 갖추기 192
창의적 리더의 표준 일과표 모델 108
「책문제(策問題)」 93, 193
처방전 94
처사(處士) 164
천(天)+천지지신기(天地之神氣 143
천군소설(天君小說) 95
『천군전(天君傳)』 94
천도(天道) 51
천리[물리=의리=도리=윤리] 49
천문·지지(地誌)·의방(醫方)·수학·궁마(弓馬)·항진(行陣)·관방(關防)·진수(鎭戍) 75
천왕봉(天王峯) 22
천하제일의 보검 194
철상철하(徹上徹下)의 실천덕목 43
청렴(淸廉) 65, 84, 113, 159, 162
청렴(淸廉)하고 유능(有能)한 인간상 159
청렴성+유능함 177, 184
청렴성 확보 87
청렴의식 84, 86, 88, 106, 124, 153
청렴하지만 무능한 인간상 177
청렴함의 핵심 87, 162
청소년 인성교육 방안 113
청소년 자살률 101
청수(淸粹)하고 충실(充實)한 기운 66, 84, 159
청수(淸粹)한 기운을 지닌 지기지사(志氣之士) 106
청학동 삼성궁 179

청학동의 선교 문화권 78
초범(初犯) 184
초택(草澤:궁벽한 시골)의 사람들 61
초택지인(草澤之人) 61
초헌(軺軒) 92
총명(聰明) 107
총체적 위기 167
최구식 원장 96
최소한의 사회복지 73
최참판댁 33
추상열일(秋霜烈日) 49
추세(趨勢) 70
『춘추전(春秋傳)』 57
『춘추좌씨전(春秋左氏傳)』 57
출장입상(出將入相)의 문무겸비지사 64
출처관(出處觀) 152, 157, 193
충 중심의 효[忠的孝] 171
치마장(馳馬場) 150
7세 풍월주 설화랑 조 60

ㅋ

칼의 정신 69

ㅌ

탁계 전치원 63, 131
탈북자 및 그 가족 187
탈세속적이고 출세간(出世間)적인 가치 171
태산교악(泰山喬嶽) 23, 49, 130, 152
태평성대 52, 84, 93, 166
토론식 강의와 교육 168
토의(土宜)+소거지수토(所居之水土) 143
『토지』 32
통일 대업 126
통일된 한국의 미래상 153
통일문화 확산 17
통일신라기(681~935) 59
통일이후 각자의 활동계획 199
통일한국 12, 17, 79, 146, 153, 154, 160
통일한국의 전야기(前夜期) 17
퇴계학파의 뿌리 204
퇴계학파의 '인(仁)−리(理)−문(文)−효(孝)' 62
투어루트 203

ㅍ

파리강화회의 26
파주의 율곡 문화권 198
패검명(佩劍銘) 50
평일용 일과표 119, 195, 196
폐공(閉公) 137
포상을 겸한 종강식 197
포석사(鮑石祠) 126
포용정신과 자기절제정신 154
포퓰리즘(populism) 186
표본적인 모델 104
표준화된 교육과정 99
풍월도(風月道) 일명 선교(仙敎) 171
프로그램의 대강(大綱) 160

필자 자신의 지향처 110
8세 풍월주 문노(文弩) 125

ㅎ

하고자 하는 어떤 일 133
하동군 30
『하동통계연보』 33
하드웨어 11, 17, 40, 82, 153, 204
하학(下學)공부 48
학교 폭력의 만연 101
『학기유편』 148
『학기유편』의 24도 148
『학기유편』의「소학·대학도」 149
학맥도 150
학문은 실천을 통하여 그 빛을 발한다 51
학술 연구 83
학습자 18, 96, 105, 151, 167, 188, 195, 204
학습적인 요소 144
한국 교도소 104
한국국학진흥원 일원 36
한국불교 조계종의 도맥(道脈) 33
한국 사회의 적폐 해소와 통합 실현 79
한국선불교사(禪佛敎史) 29
한국선비문화연구원 35
한국에서 가장 아름다운 마을 1호 28
한국윤리사상 112
한국의 미래비전 8, 193
한국의 청렴도 86
한국철학 5, 104, 112, 222
한류열풍(韓流熱風) 104
한선원 125, 147, 149, 151
한풀선사 197
함께 긴장[相磨] 173
함께 긴장하고 함께 발산하기 173
함께 발산[相悅] 173
함양 벽송사 33
항재전장의식(恒在戰場意識) 58
항진(行陣) 75
해피아 87
행복지수 104
행의(行義) 159
향가(鄕歌) 60
현대판 산천재 24
현대판 조식 158
현대판 화랑 7, 8, 125, 174, 178
현대판 화랑교육 7, 8, 178
현모양처(賢母良妻) 105
현미경(顯微鏡)적인 시각 54
혈연적인 형제 133
혈연·지연·학연 등의 인정 133
협기(俠氣) 60
형제애(兄弟愛)가 넘치는 동지(同志) 조직 172, 194
형제애가 넘치는 사회 149
혜강 최한기(惠岡 崔漢綺) 108, 142
호국무사(護國武士) 41, 59, 125
호국무사(護國武士)적인 선비상 41
호국선(護國仙) 59, 60, 61, 142
호연지기(浩然之氣) 42, 64, 130, 164
호용능문(好勇能文)의 인물 126
호흡명상 47, 106, 114, 122, 188, 195, 197
호흡명상 교육 188

호흡명상[정좌수련] 192
화개동천(花開洞天) 32
화개동천과 악양의 범불교문화권 158
화개장터 32, 35
화기(和氣) 107
화랑(花郎)-낭두(郎頭)-낭도(郎徒)의 삼원조직(三元組織) 132
화랑과 남명학파 196
화랑 관창(官昌) 127
화랑국선 59, 189
화랑도(花郎徒) 64
『화랑세기』 53, 66, 129, 142, 172, 194, 222
화랑세기, 4세 이화랑 조 53
『화랑세기』, 15세 유신공 조 66
『화랑세기』를 통해서 본 신라문화와 가야문화의 차이점 199
화랑의 무도 171
화랑의 전형 170
화랑 조직과 조폭(組暴)의 차이점 135, 194
화랑 조직이 지녔던 강력한 힘의 비결 194
화랑풍월도(花郎風月道) 60, 194
화랑풍월도의 형성과 전개 142
환경·장소적 의미 17
환골탈태(換骨奪胎) 12, 97, 160
활동운화(活動運化)하는 본성 144
활사개공(活私開公) 12, 113, 136, 138, 165
활사개공형(活私開公型) 인간상 165
활쏘기 연습 195
황강 이희안(黃江 李希顔) 56
회광반조(廻光返照) 48
회남재 터널 30
회복탄력성 70, 176, 222
흥미와 의미, 그리고 묘미 95

참고문헌

- 『남명집(南冥集)』
- 『논어』
- 『맹자』
- 『삼국사기』
- 『삼국유사』
- 『성리대전』
- 『소학』
- 「세계일보」
- 『예기』
- 「인성교육진흥법」
- 이이(李珥), 『격몽요결(擊蒙要訣)』
- 이익(李瀷), 『성호전집(星湖全集)』
- 이황(李滉), 『퇴계집(退溪集)』
- 『주역』
- 『중용』
- 『천도교경전』
- 『하동통계연보』
- 금장태, 『한국유학의 심설』, 서울대학교 출판부, 2003.
- 김대문/이종욱, 『화랑세기』, 소나무, 2009.
- 김주환, 『회복탄력성』, 위즈덤하우스, 2011.
- 김태창, 『公共哲學 特卷 公共哲學のあゆみ』(公共哲學京都フォーラム), 東京大學出版會, 2008.
- 김형효, 「고대신화에 나타난 한국인의 철학적 사유」, 『한국철학사(상권)』, 동명사(한국

철학회편), 1987.

- 남명학연구원, 『남명선생의 자취를 따라 -남명 조식선생 사적 자료집-』, 1996, 196쪽.
- 남명학연구원, 『남명학의 문화론적 접근』, 2014년 학술대회집.
- 박병련, 「5주차 남명조식」, 『국회인문학 아카데미자료집』, 2014. 10. 25~12. 6.
- 박병련, 「남명사상의 현대적 가치와 계승발전의 방향」, 8쪽.
- 배종호, 「남명성학도」, 『남명학연구논총』 제1집, 남명학연구원, 1988.
- 손병욱①, 『서산, 조선을 뒤엎으려하다』, 정보와사람, 2006.
- 손병욱②, 「하동의 선교(仙敎)·선교문화(仙敎文化)」, 『하동문화의 정체성연구』, 하동군·하동문화원, 2006.
- 손병욱, 「한국선비문화연구원의 효율적 운영방안 고찰」, 『남명학』 제15집, 남명학연구원, 2010.
- 손병욱, 「선비의 수양과 삶」, 『남명학』 제17집, 남명학연구원, 2012. 3.
- 손병욱①, 「한국고전으로 보는 창의적 리더의 길」, 『GNU인성』, 경상국립대학교출판부, 2013.
- 손병욱②, 「퇴계 이황의 거경궁리 사상에서 본 정좌수련의 위상」, 『퇴계학논총』 제22집, 퇴계학 부산연구원, 2013.12.
- 손병욱①, 「오늘 문교(問校)에 가서 무얼 물었나?」, 『유대지(儒大誌)』창간호, 경남유교대학, 2015.
- 손병욱②, 「남명학파의 문화공간과 그 활용방안-한국선비문화연구원 일원을 중심으로-」, 『남명학』 제20집, 남명학연구원, 2015.
- 손병욱, 「실천적인 선비문화 계승과 확산을 위한 인성교육프로그램시안(試案)-그 지침과 방향의 제시를 중심으로-」, 『남명학』 제21집, 남명학 연구원, 2016.
- 손병욱, 「남명학파의 실천적인 선비정신과 그 연원탐구」, 『한국의 전통사상과 민족문화』, 경상국립대학교출판부, 2018.
- 손병욱①, 「다시 보는 화랑의 검도와 남명의 칼」, 『선비문화』35호, 2019. 봄.
- 손병욱②, 「탁계 전치원의 행적과 정신세계, 그리고 그 학문의 탐구」, 『합천지역의 남명학파』, 남명학연구원, 예문서원, 2019.
- 안병욱, 「생활지표」, 『안병욱 명상록』, 1989, 삼육출판사.
- 이기동 역해, 『주역강설』 하, 성균관대학교출판부, 1997.
- 이동환, 「망우당 곽재우의 도학적 정신구조와 그 현실주의적 성향」, 『망우당 곽재우』, 예문서원, 2014.
- 이성무, 「선비와 선비사상」, 『남명학』 제17집, 남명학연구원, 2012. 3.

- 이성무, 『남명 조식과 퇴계 이황』, 남명학연구원, 2014.
- 이철승, 『남명사상과 지리산』, 남명학회, 2014. 11.
- 조식/남명학연구소, 『남명집』, 이론과실천, 1995.
- 정우락 외①, 『한국선비문화연구원의 경쟁력과 운영목표』, 사단법인 남명학연구원, 2012. 10.
- 정우락 외②, 『한국선비문화연구원의 지표 및 운영 매뉴얼 개발』, 사단법인 남명학연구원, 2012. 10.
- 정우락 외, 『남명학과 현대사회』, 역락, 2015.
- 정우락 외, 『21세기와 남명 조식』, 역락, 2018. 12.
- 정현섭, 「천군전과 신명사도·명」, 『2014년 제8회 남명문화강좌자료집』. 경상대학교남명학연구소.
- 최한기①, 『기학』, 『증보명남루총서』오(五), 대동문화연구원, 2002.
- 최한기②, 『신기통』, 『증보명남루총서』일(一), 대동문화연구원, 2002.
- 최한기③, 『추측록』, 『증보명남루총서』일(一), 대동문화연구원, 2002.
- 하동군, 『서산대사 유적지 복원·정비사업 기본계획수립』, 2008.
- 홍우흠, 「망우당 곽재우의 문학에 구현된 의기정신과 예술성」, 『망우당 곽재우』, 예문서원, 2014.

경상국립대학교 인문대학 경남학 교양총서 01
한국선비문화연구원 탐구

2019년 2월 28일 초판 1쇄 발행
2022년 5월 9일 초판 2쇄 발행

지은이 손병욱
펴낸이 권순기
부장 박현곤
편집 이가람
디자인 이희은

펴낸곳 경상국립대학교출판부 | 출판등록 1989년 1월 7일 제16호
주소 경남 진주시 진주대로 501
전화번호 055) 772-0801(편집), 0802(디자인), 0803(도서 주문)
팩스 055) 772-0809
전자우편 gspress@gnu.ac.kr
홈페이지 http://gspress.gnu.ac.kr
페이스북 https://www.facebook.com/gnupub
블로그 https://gnubooks.tistory.com